本书受到湖南省哲学社会科学基金项目"财政分权视角下经济增长与基本公共服务供给失衡问题研究"（编号：13CGA006）资助

『学者文库』

城市化进程中的
基本公共服务财政保障研究

黄国平◎著

吉林大学出版社

图书在版编目（CIP）数据

城市化进程中的基本公共服务财政保障研究 / 黄国
平著 . —长春：吉林大学出版社，2019. 8
ISBN 978－7－5692－5309－2

Ⅰ . ①城… Ⅱ . ①黄… Ⅲ . ①城市化—公共服务—财
政管理—研究—中国 Ⅳ . ①F812. 455

中国版本图书馆 CIP 数据核字（2019）第 178450 号

书　　名	城市化进程中的基本公共服务财政保障研究	
	CHENGSHIHUA JINCHENG ZHONG DE JIBEN GONGGONG FUWU	
	CAIZHENG BAOZHANG YANJIU	
作　　者	黄国平　著	
策划编辑	李潇潇	
责任编辑	李潇潇	
责任校对	刘　佳	
装帧设计	中联华文	
出版发行	吉林大学出版社	
社　　址	长春市人民大街 4059 号	
邮政编码	130021	
发行电话	0431－89580028/29/21	
网　　址	http：//www. jlup. com. cn	
电子邮箱	jdcbs@ jlu. edu. cn	
印　　刷	三河市华东印刷有限公司	
开　　本	710mm×1000mm　1/16	
印　　张	15	
字　　数	180 千字	
版　　次	2019 年 8 月第 1 版	
印　　次	2019 年 8 月第 1 次	
书　　号	ISBN 978－7－5692－5309－2	
定　　价	85. 00 元	

前　言

我国改革开放以来，经过40多年的高速经济增长，综合国力显著提升，人民生活也有了较大改善，但是相对于经济建设的成就，社会建设相对滞后。特别表现在工业化、城市化快速发展的同时，原来的城乡二元公共服务体制越来越不适应发展的需要，给社会的和谐和稳定埋下了隐患。本书在对我国城乡公共服务保障体制变迁和城市化过程考察的基础上，针对我国基本公共服务供给不足和不均的问题进行了理论和实证研究。

通过对我国城乡公共服务保障体制变迁的考察发现，城乡基本公共服务差距表象掩盖了其背后的一个体制逻辑：长期以来我国的基本公共服务按产权（即个人所属单位的所有制性质和经营体制）来供给和承担保障责任。在此基础上考察了中国城市化发展过程，并认为我国的城市化进入了新的转折点。城市化发展对城乡二元基本公共服务体制提出了挑战，为此，应打破基本公共服务保障的产权逻辑，建立城乡统一的基本公共服务体系。

在特征事实考察的基础上，从两个方面入手进行了理论研究。一是从城乡二元经济结构理论入手，分析了伴随着从计划经济向市场经济转型的中国城市化过程产生的特殊现象：政府力量与市场力量主导的二元结构叠加，导致基本公共服务滞后于经济发展。二是用财政分权理论分析地方政府行为。对基于第二代财政分权理论的市场维护型联邦主义和晋升锦标赛理论关于中国地方政府行为模式的观点进行了反思，认为追求可视政绩和自主财政收入的双重驱动力导致地方政府经济增长取向的行为模式，从而使得基本公共服务供给相对不足。在此基础上，建立了一个理论模型，分析了在资本可流动和不可流动两种情形下，财政分权与政治上的相对集权相结合的中国式分权如何导致地方政府倾向于经济性基础设施等"硬件"建设，而忽视教育、卫生和社会保障等"软件"建设。

在理论研究的基础上，从两个方面入手进行了实证分析。一是分析了地方政府财政支出不断膨胀与基本公共服务供给不足并存的现象，指出基本公共服务供给不足的原因，不是地方财力不足，而是支出结构偏向。地方政府"财力与事权不匹配"导致基本公共服务供给不足的主流观点总体上不成立。通过对东、中、西部六省的面板数据分析表明，财政分权与教育、卫生、社会保障支出负相关，而与基本建设、行政管理支出正相关，证实了地方政府在财政分权条件下确实存在支出结构偏向问题。二是分析了转移支付对基本公共服务均等化的影响，并以义务教育为例，用双变量泰尔指数法分析义务教育的城乡和地区均等化水平。计算结果表明，相对于地区之间和城乡之间，义务教育发展的不平衡在地区和城乡内部表现得更为明显。

最后提出了相关政策建议，包括打破产权逻辑，建立城乡统一的基本公共服务体系；加强财政管理，建立基本公共服务导向的激励和约束机制；明确各级事权，适当上移基本公共服务支出责任；优化补助结构，建立均等化导向的转移支付制度等。

目 录
CONTENTS

第1章

导　论

1.1　研究背景与意义

改革开放以来的 40 多年，是中国经济高速增长时期，也是综合国力显著提升和人民生活总体有较大改善时期。在这个时期，伴随着经济转轨和社会转型，我国实现了发展阶段的历史性跨越，由生存型社会开始步入发展型社会。但相对于经济建设的成就，我国这一时期的社会建设相对滞后，集中表现为经济总体发展水平上的压力减小，而由社会公平问题引发的压力增大。经济持续高速增长与社会协调发展相对滞后的矛盾，已经成为当前中国发展战略制定中的突出问题。这种矛盾突出表现在工业化、城市化快速发展的同时，原来的城乡二元公共服务体制越来越不适应发展的需要，给社会的和谐和稳定埋下了隐患。变革和创新公共服务体制，让人们应该享有的基本公共服务有所保障，不仅可以为经济的可持续发展创造良好的社会条件，而且还可以有效地缓解城乡差距、地区差距和群体差距，促进社会公平正义与和谐稳定。

为人们的基本公共服务需求提供保障，不仅是解决当前面临的突出矛盾和问题的迫切需要，而且是基于国家长远发展战略和最终发展目的的现实需要。它对于保证经济的长期可持续发展，促进社会公平正义和人的全面发展都有着深远的现实意义。首先，基本公共服务是经济可持续发展的基础和动力。在市场经济条件下，消费是经济增长的重要驱动力。但是与其他国家相比，我国经济增长中消费的贡献率偏低，而投资贡献率相对偏高，投资与消费比例失衡加大了宏观经济运行的风险。其中的一个重要原因就是，政府的教育、医疗卫生、就业与社会保障等基本公共服务供给不足，降低了城乡居民的消费预期和边际消费倾向。据有关研究者测算，早在2005 年我国城乡居民仅仅教育和医疗的额外支出对其他商品和服务的消费产生的挤出效应达 5810.7 亿元，降低了社会消费率将近 3.3 个百分点[1]。在基本公共服务长期短缺的农村，居民的消费率从1983 年的 32.3%，下降到最低点 2007 年的 9.1%，下降了 23 个百分点[2]。其次，基本公共服务是促进公平正义，构建和谐社会的重要手段。政治哲学家罗尔斯①（J. Rawls）指出，"正义是社会制度的首要价值，正像真理是思想体系的首要价值一样"[3]。公平正义是构建和谐社会的条件，而公平正义需要制度来保障。我国整个社会目前正处于黄金发展期和矛盾凸显期，而且这种交织期预计会持续一段相当长的时间。为城乡困难群体提供义务教育、基本医疗和社会保障等基本公共服务，不仅短期内可以缓解和缩小贫富差距，而且从中长期看还可以提高他们的自身素质和扩展他们的发展机会。

---

① 本书对于外国人名一般按以下原则处理：对于学界普遍知晓且已有规范一致汉语译名的，使用汉语译名并且在第一次出现时标注其外文原名附于汉译名后；对于相对知晓度不高、尚没有规范一致汉语译名的，直接使用外文原文人名。

建立保障基本公共服务的体制与机制，其目的就是维护社会公平，让农村、贫困地区和社会弱势群体都能享受到应有的改革发展成果，从而为社会的长期和谐稳定奠定基础。最后，基本公共服务有助于保护公民的基本权利，促进人的全面发展。联合国开发计划署《2000 年人类发展报告》以"人权与人类发展"为主题，明确指出"体面的生活水平、足够的营养、医疗以及其他社会和经济进步不仅仅是发展的目标，而且是与人的自由和尊严紧密相连的人权"。从世界范围来看，教育、医疗、就业、社会保障这些基本公共服务属于人的基本权利，已经得到广泛认同，并且得到较普遍的实践。我国《宪法》及相关专项法律也明确规定了基础教育、就业、养老保障、社会救助等都是公民享有的基本权利，这意味着无论男女、民族、地域、城乡，所有的公民都有权获得相应的社会安排、享受相应的服务，使其能享有作为人的尊严。同时，这些基本公共服务还是促进全面发展的"基础设施"，不但对人的健康具有促进作用，而且能提高人的素质，扩展人的能力，促进人的全面发展。

从理论研究角度来看，对基本公共服务供给问题的探讨是伴随着经济学理论的不断创新和研究方法的改进而逐步深入的，加之各国由于政治体制及所处的发展阶段不同，在实践中的做法和效果也有很大的不同，因而对这一问题的研究愈发显得必要。与公共服务（或公共产品）供给相关的财政分权理论是传统财政学、公共经济学的重要研究内容，而当前更是成为新政治经济学、转型经济学研究的热点。所采用的方法也不再仅限于传统的新古典经济学，而是广泛运用合约理论、博弈论、新制度经济学以及计量经济学新方法等。对于城市化问题，用二元经济结构理论分析城市化过程中发展中国家的经济结构转型是发展经济学的重要内容。而财政分权与二元经济结构在各个国家的不同实践又为上述理论提供了检验机会，反过来推动着理论不断向前发展。其在中国的实践与其他国家相比又有着很大的不同，因为中国的财政分权与政治上的相对集权是结合在一起的，中国在城市化过程中的二元经济结构转化不是如刘易斯（W. A. Lewis）所描述的纯粹市场主导的二元结构转化，而是伴随着计划经济向市场经济转型过程中市场和行政两种力量叠加的结果。中国作为转型经济的一个重要实验场所，其实可以从中发现很多原创性的理论，但现有文献对这些理论的进一步深度挖掘还不够，因而在这方面做一些探索性研究是具有重要的理论意义的。

1.2 基本概念的界定

对基本概念的明确界定是开展研究工作的基础。本研究也涉及较多基本概念，其中一些概念将在后续各章节中予以说明，但至少有以下 3 个概念是搭建整个研究体系的基本概念，需首先在这里单独加以阐释。

1.2.1 基本公共服务

基本公共服务是本文所要研究的对象，其含义必须首先明确界定。虽然研究基本公共服务的文献不少，然而目前学界对这个概念并没有公认一致的界定，因而有必要对其含义做出说明。鉴于前人对这个概念的界定是本研究的重要立论基础，在下一节的文献综述中还要对已有的相关研究成果进行评述。这里只就本研究所做的界定进行简要说明，并在必要时与相关研究进行对比阐释。

基本公共服务概念建立在公共服务概念的基础上，因此首先还得明确什么是公共服务和公共产品（公共品）。1954 年萨缪尔森（Paul A. Samuelson）[4]在其发表的《公共支出的纯理论》一文中首次阐述了"私人消费品（private consumption goods）"与"集体消费品（collective consumption goods）"的区别：前者是能在不同的个人之间进行分配且其总额为每个人分得的份额之和的产品，后者是任何人的消费都不会减少其他人对同一产品的消费的产品。1956 年蒂布特（Charles M. Tiebout）[5]在其《地方支出的纯理论》一文中对"集体消费品"进行了进一步阐释，把"集体消费品"称为"公共品（public goods）"，并认为公共品就是"应该生产但没有可行的方法向消费者收费"的产品。经济学者把公共品的这种属性概括为消费上的非竞争性和非排他性。

由此可见，传统的公共产品概念界定是从产品本身"固有"的自然属性出发的。但是这种界定方法显然无法解释当今社会义务教育、基本医疗等服务由政府提供的事实，因为教育、医疗等从自然属性来讲，其本身并不天然具有非竞争性和非排他性。事实上，在历史上它们历来就是以私人提供为主，并非政府提供，而只是随着社会的发展和文明的进步，才逐步转变为以政府的公共提供为主。传统的公共产品概念无法对此提供解释。为了解决这种理论上的困境，有学者提出"文明产品"概念，也有学者提出了"权益—伦理型公共产品"[6]概念。还有学者提出公共产品应分三个层次：第一个层次是技术经济层次，第二层次是利益原则层次，第三个层次是社会公正原则层次[7]。本书认为，传统公共产品概念应该加以扩展，不仅应该包括本身的自然属性具有非竞争性和非排他性的产品，还应该包括那些在社会属性上具有非竞争性和非排他性的产品。我们把前者称为"自然性公共产品"，后者称为"社会性公共产品"。所谓社会性公共产品，就是与一定的社会发展水平相适应的由法律规定或社会伦理道德公认的必须由公共部门提供的产品。至于"公共产品"和"公共服务"可以认为是相同的概念，因为在公共经济学中，广义的产品包含有形的产品和无形的服务，广义的服务包含提供无形产品的服务和提供有形产品的服务。安体富、任强[8]，于长革[9]，江明融[10]，刘尚希等[11]学者也认为公共产品和公共服务是同一概念。

于是，对基本公共服务的界定可以建立在社会性公共产品概念的基础上。它是指为保障人的基本生存权和发展权，促进人的全面发展和社会公平正义而提供的社会性公共产品和服务。基本公共服务具有以下特征：其一，它与公民的基本权利相关。从世界范围来看，享受教育、医疗、就业、社会保障等服务属于人的基本权利，已经得到了广泛的认同，并且得到了比较普遍的实践。在现行《中华人民共和国宪法》的有关条款中也明确规定了基础教育、就业、养老保障、社会救助等都是公民的基本权利。其二，它与人的全面发展相关。马克思主义认为，人的全面发展就是人的体力和智力的充分、自由、和谐发展。发展的目的在于扩展人的能力（或自由）。公共卫生和医疗对人的健康发展必不可少，教育提高劳动者的素质和扩展人的基本能力，而为贫困人口和低收入人口提供低保、救济、义务教育、基础医疗等，可以在相当程度上缓解其贫困程度，提高他们的可行能力，逐步改善他们的生存状态，扩展他们的发展机会。其三，它与社会公平正义相关。为全体公民提供基本公共服务保障，可以从多方面促进社会公平正义。例如，教育本身具有减少机会不平等、从而缩小收入分配差距的社会经济效应；社会保障旨在缩小差距、化解矛盾、实现发展成果共享；医疗服务往往与社会追求收入平等、公平的目标直接相联系。其四，它不包括传统公共产品理论中的"纯"公共产品。在传统公共产品理论中，国防、外交、行政管理、社会治安、法律制度、环境保护等具有完全的非竞争性和非排他性，属于"纯"公共产品。这些产品由于其本身所固有的非竞争性和非排他性，它天然地对辖区内的每一个公民都是公平的，如果基本公共服务包含提供此类产品的公共服务，那么这个概念的提出本身就没有实际意义。恰恰相反，因为有些产品具有竞争性和排他性，但又是每个人的生存和发展所必需，才有必要提出其供给的保障问题。例如，义务教育、医疗卫生等可以由私人提供，而且也可以有效率地提供，但是由私人提供不能保证公平。

基于以上对基本公共服务内涵的分析，我们认为当前中国的基本公共服务范围主要应包括义务教育、基本医疗卫生、社会保障、就业、保障性住房等。当然，由于基本公共服务属于社会性公共产品，它的范围和标准会随着社会的发展而发生变化，变化的方式是通过法律和政治程序而进行的。比如，社会发展到一定时期，如果人们认为目前的九年制义务教育已经不够，那么可以通过政治和法律程序修改义务教育法，把年限增加到十二年。因此，基本公共服务的范围和标准不是"天然"的。

1.2.2 城市化

城市化是本书所要研究和解决的问题的重要时代背景，因此有必要对城市化的含义予以说明。对城市化的含义可以从多个角度去理解。大部分学者从人口的角度理解城市化，认为城市化的实质就是乡村人口城市化，它的表现就是城镇数量和规模的扩大，农村人口不断地进入城镇就业和定居[12]。有的学者从人口和生产生活方式两个角度来理解，认为城市化主要是指农业人口向非农业人口转移和生产、生活方式集约程度的提高（包括乡村向城市方向提高和城乡两方面自身品质的提高）[13]。还有学者从经济要素的流动角度指出，城市化是从传统农业社会向现代城市社会发展的自然历史过程，它表现为人口向城市的集中、城市数量的增加和城市规模的扩大，以及城市现代化水平的提高，是社会经济结构发生根本变革并获得重大发展的综合表现，其实质是由生产方式变革引起的人口和其他经济要素从农村向城市转变的过程[14-16]。

综上所述，城市化可以从多方面理解，大致可以概括为人口城市化、土地城市化、生活方式城市化等几个方面。但是按照发展经济学的观点，其基本内涵主要是指乡村人口向城市流动这样一个过程，即人口的城市化。其他方面的城市化都是人口城市化所派生的，没有人口的城市化，谈其他方面的城市化就没有任何意义，因此本书的"城市化"主要是指人口城市化。值得指出的是，对于"人口城市化"本身也有多种理解。首先，所谓"城市人口"，在一般情况下是按居住地划分的，但在中国城乡二元户籍管理体制下，"城市人口"有时指"城市户籍人口"。本书的研究背景是从居民实际由农村向城市转移出发的，因此是从人口居住地的转移来立论的。其次，对于什么是"城市"，各个国家的标准和口径也是大不相同的，一般按聚居地的人口规模来定义[17]。中国是按建制镇来定义人口的，因此"城市化"也称为"城镇化"，两者基本意义是相同的。

1.2.3 财政分权

财政分权是讨论中国基本公共服务财政保障问题的重要体制背景，因此财政分权也是本书立论的一个基础性概念。其基本含义可以从其上位概念和关联概念来辨析。首先，财政分权的上位概念是分权，它是指中央政府将有关公共职能的权力和责任向地方各级政府或私人部门的转移。对于一个国家的权力系统自身而言，分权就是法定权力在各级政府之间的分配。世界银行将政府的分权划分为四种类型：政治分权、行政分权、财政分权和市场分权①。其中财政分权是指地方政府可以自行决定税收的保留和配置，支出和收入的安排，或拥有其他财政方面的权力，如收费、制定地方财政预算等。其次，财政分权还经常与财政联邦主义相提并论。联邦主义最初具有宗教含义，指一种彼此认可、具有伦理约束力的盟约，使各方在道义上承诺建立并维持某种关系以及必要的结构。它后来发展成一种政治概念，包含共识和立宪因素[18]。这种含义引申到中央与地方的财政权力配置上，就是财政联邦主义。由此可见，财政分权与财政联邦主义尽管有微妙的差异，但基本意思相同，即如何在各级政府间划分职责和利益。至于采用哪种表述方式是次要的，因此在本书中财政分权与财政联邦主义按同一概念使用。

需要指出的是，在中国的经济改革实践中有两种不同内涵的分权形式。Schurmann[19]在其1966年出版的《共产主义中国的意识形态与组织》中指出，社会主义经济中存在两种分权：一种是向生产单位分权，被称为分权 I；一种是向地方政府分权，被称为分权 II。

---

① 参见世界银行网站相关网页：http：//www1. worldbank. org/publicsector/decentraliza-tion/what. htm.

中国改革开放以来实施的经济性分权总括起来就是这两种。前者旨在放松价格管制，逐步引入市场机制，资源的分散化配置让其流向更有效率的经济单位。后者是经济决策权向地方分散，其中主要是财政权，旨在调整中央和地方财政收支的分配关系，如税种的分享模式和比例、政府间的转移支付体制等。从 20 世纪 80 年代的"分灶吃饭"到 90 年代的分税制改革，财政分权体制越来越走向规范化。财政分权体制是影响基本公共服务供给的重要体制性基础。

1.3　文献综述

20 世纪 90 年代中后期，特别是进入 21 世纪以来，我国改革开放进入深化期。一个影响改革发展全局的问题越来越引起人们的关注：与经济建设的成就相比，社会建设相对滞后，城乡、地区、群体间的差距持续扩大，对社会的公平正义与和谐稳定带来了不利影响。2006 年 3 月在"十一五"规划纲要中我国官方首次提出"逐步推进基本公共服务均等化"以来，基本公共服务均等化日益成为政府和学界关注的热点。有关研究主要涉及三个方面的问题：一是基本公共服务及其均等化的内涵、外延与标准；二是基本公共服务保障与政府的责任；三是保障基本公共服务的路径选择。

1.3.1　基本公共服务及其均等化的内涵、外延与标准

虽然推进基本公共服务均等化，保障人们的基本公共服务需求已经成为各界共识，但是对什么是基本公共服务及什么是基本公共服务均等化这个基本问题并没有达成共识。学者们从不同的角度提

出了不同的理解。

（1）基本公共服务的内涵与外延

①从民生的角度来界定。鉴于我国财政多年来偏重于经济建设性支出，而忽视与人们生活相关的社会性支出的实际，很多学者从关注民生的角度来界定基本公共服务。迟福林[20]将公共服务分为经济性公共服务、制度性公共服务和社会性公共服务，而基本公共服务相当于社会性公共服务，主要包括就业与再就业、义务教育、基础医疗卫生、环境保护、社会保障、公共安全等六个方面。安体富、任强[8]认为，基本公共服务应该是与民生相关的纯公共服务，其他的都是一般公共服务，如行政、国防、高等教育、一般应用研究等应排除在基本公共服务之外。

②从人的基本权利和全面发展的角度来界定。中国（海南）改革发展研究院课题组[21]认为，所谓基本公共服务是指建立在一定的社会共识基础上，根据一国经济社会发展阶段和总体水平，为维持本国经济社会稳定、基本的社会凝聚力，保护个人最基本的生存权和发展权，为实现人的全面发展所需要的基本社会条件。常修泽、王小广[22]认为，基本公共服务是指人类为实现全面发展所需要的基本社会条件，它包括三个基本点：一是保障人类的基本生存权，需要政府及社会为每个人提供基本就业保障、基本养老保障、基本生活保障、基本住房保障等；二是满足基本尊严和基本能力所需要的教育和文化服务；三是满足基本健康需要的基本健康保障，即把满足人们的基本生存、尊严和健康所需要的公共服务称之为基本公共服务。曹静辉[23]认为，基本公共服务的范围涵盖了与我国经济发展水平相适应的基本公共服务的六个基本面：生存权、健康权、居住权、受教育权、工作权和资产形成权。

③从公民的最低需求角度来界定。《基本公共服务均等化与政府财政责任》协作课题组[24]认为，基本公共服务是覆盖全体公民、满足公民对公共资源最低需求的公共服务，涉及义务教育、医疗、住房、治安、就业、社会保障、基础设施、环境保护等方面，其特点是基本权益性、公共负担性、政府负责性、公平性、公益性和普惠性。刘尚希等[11]认为，基本公共服务是与低层次消费需求直接关联的公共服务，包括与吃饱、穿暖、安全等需求相联系的公共服务，并且"基本"的内涵随着人们需求层次的提高而变化发展。他还强调，这些需求是人们的无差异消费需求，对所有人来说都是一样的。消费的基本性和无差异这两个条件决定了基本公共服务的外延，目前应该包括义务教育、公共卫生、基本医疗、社会保障、就业指导和培训、社会治安及食品药品安全等

④从公共品的"纯度"的角度来界定。张启春[25]认为，基本公共服务相对于公共服务来说，是其中"纯度"最高的部分，通常是指纯公共品或绝大部分效益外溢的产品，因此基本公共服务应该属于公共服务，是其中必不可少的部分，是政府在一定阶段的职责范围内所必须履行的公共服务。主要包括行政管理服务、基础教育服务、公共卫生与基础医疗服务、公共文化服务、基础科研服务、就业与社会保障服务、公益性基础设施服务、生态环境保护服务八大类的公共服务。

⑤从多维视角来界定。常修泽[26]本着"范围适中、标准适度"的原则，将基本公共服务分为：就业服务和基本社会保障等"基本民生性服务"；义务教育、公共卫生和基本医疗、公共文化等"公共事业性服务"；公益性基础设施和生态环境保护等"公益基础性服务"；生产安全、消费安全、社会安全、国防安全等"公共安全性服

务"。吕炜、王伟同[27]认为，分析基本公共服务的内涵应把握四个要点：一是"基本"，即保障民众最为基本的公共服务需求，体现在最为根本的生存、发展方面。二是"公共"，即所提供的公共服务要体现出公共产品的属性，其在市场条件下难以实现充足的供给。三是要根据我国的发展阶段和政府能力的变化而调整。四是要针对当前社会发展中面临的主要矛盾和问题。根据这四条标准，当前政府应提供的基本公共服务应包括对失业和贫困人员的保障与救济，为适龄儿童提供免费基础教育，为老年人提供养老保障、提供免费的公共医疗服务，以及满足民众对基本公共文化的需求等。

（2）基本公共服务均等化的内涵及标准

关于基本公共服务均等化的内涵及标准，大约有以下几种观点。

①最低标准说。马国贤[28]指出，从各国的实践来看，基本公共服务均等化大体有人均财力均等化、公共服务标准化、公共服务最低公平三种模式，结合各模式的利弊，中国宜采用基本公共服务最低公平模式①。项继权[29]认为，基本公共服务均等化并不是要求各地方公共服务一律化或绝对平均，即是从最低标准的角度来界定的。

②起点（条件）均等说。张恒龙等[30]指出，在经济学领域中，公平一般可分为条件平等和机会平等。前者是一种实质性的平等，往往用普遍具有一定的经济条件的平等来代表；后者是一种程序性的平等，往往通过普遍享有某些政治经济权利上的平等来表示。实现公共服务水平均等化是条件均等观念的具体体现。还有学者认为，基本公共服务均等化是指政府要为社会公众提供基本的、在不同阶段具有不同标准的、最终大致均等的公共物品和服务，为各地居民

---

① 值得指出的是，他没有严格区分"公共服务"与"基本公共服务"。

的生活和社会经济发展提供基本条件[31]。

③过程（机会）均等说。刘尚希[32]认为，均等化的本质是通过某一个层面的结果平等来达到机会均等，公民不因性别、年龄、民族、地域、户籍而受到不同的待遇。还有学者认为，公共服务均等化是指政府及其公共财政要为不同利益集团、不同经济成分或不同社会阶层提供一视同仁的公共产品与公共服务，具体包括财政投入、成本分担、收益分享等方面内容[10,33]。

④结果均等说。李静毅[34]认为，中国要实现的不是能力、财力的均等，而是结果的均等。安体富、任强[35]强调基本公共服务产出结果的评价，并从社会保障、公共安全、公共卫生、基础教育、基础设施、环境保护、科学技术指标等7个方面构建了公共服务均等化指标体系。王莹[36]指出，公共服务均等化涵盖了两个不同的方面，即基本公共服务均等化和差异性公共服务均等化。前者之所以称为"基本"，是因为这些公共服务对社会公众的生存和发展具有基础作用，它们所满足的是公众基本的社会公共需要。对于基本公共服务，就应该按照服务的数量和质量进行衡量，要求实现结果的均等[37]。

⑤多维均等说。常修泽、王小广[22]认为，可以从三个方面来把握均等化的内涵：一是全体公民享有基本公共服务的机会和原则应该均等。二是全体公民享有基本公共服务的结果应该大体均等。三是社会在提供大体均等的基本公共服务成果的过程中，尊重某些社会成员的自由选择权。安体富、任强[8]认为均等化应包括两个方面：一是居民享受公共服务的机会均等，如公民都有平等享受教育的权利。二是居民享受公共服务的结果均等，如每一个公民无论住在什么地方，城市或是乡村，享受的义务教育和医疗救助等的公共服务，

在数量和质量上都应大体均等；相比之下，结果均等更重要。有的学者还强调应尊重社会成员的自由选择权，即基本公共服务不是回到计划经济时期的"配给制"[24]。

1.3.2 基本公共服务保障与政府责任

对基本公共服务必要性的探讨似乎总离不开公共经济学理论中的公共产品概念。在公共经济学理论中，公共产品的特性归纳为非竞争性和非排他性。公共产品的这种特性使得人们对这种产品的消费产生"搭便车"问题，市场供给不会反映人们的真实需求，于是政府必须介入以保证其有效供给。如果说公共产品理论为政府介入某些产品的提供以解决由市场调节会产生供给不足的问题提供了合法性理由，那么由更早时候英国经济学家庇古开创的福利经济学则为政府介入某些产品的提供以解决这些产品完全由市场调节所产生供给不均而带来的社会福利损失提供了另一个合法性理由。因为福利经济学有两个基本命题：国民收入总量越大，社会经济福利越大；国民收入分配越均等化，社会经济福利也越大。这意味着掌握社会公共资源的政府应当通过公共服务的均等化来实现全社会福利的最大化。

但是，无论从公共产品的特性出发还是从社会福利出发，都不能解释某些公共产品在某些国家由政府提供而在另一些国家由市场提供；在国家发展的某些阶段由政府提供，而在另一些阶段却由市场提供。甚至在特定的情形下，政府也为公众提供一些同时具有竞争性和排他性的产品，如救灾所需的食品和物资。这种理论困境使得理论学家们必须寻找另外的解释角度。以罗尔斯、阿玛蒂亚·森（Amartya Sen）为代表的政治哲学家和经济学家抛弃功利主义的思维，从社会公正和人的基本权利和自由的角度提供了另外的解释。

罗尔斯[38]在1971年出版的著作《正义论》中提出了他的正义理论的两个基本原则，并在2001年出版的《作为公平的正义——正义新论》进行了修正和重新阐释。即：（1）每一个人对于一种平等的基本自由之完全适当体制都拥有相同的不可剥夺的权利，而这种体制与适于所有人的同样自由体制是相容的。（2）社会和经济的不平等应该满足两个条件：第一，它们所从属的公职和职位应该在公平的条件下对所有人开放；第二，它们应该有利于社会之最不利成员的最大利益。罗尔斯分配正义的天平倾向了最不利者，而这是单靠市场的力量所无法达致的。

阿玛蒂亚·森[39]则围绕"自由"展开其社会公正理论。在阿玛蒂亚·森的自由体系中包含"工具性自由"和"实质性自由"两类，而关于实质性自由，他引入了"可行能力（capability）"这样一个核心概念。它是指一个人有可能实现的、各种可能的功能性活动（functioning）的组合。从可行能力的视角看待公平，政府应更多地关注人的可行能力的提高或实质自由的提高，比如教育、医疗保健等。

而对于中国而言，一个突出的问题是以经济高速增长而社会基本公共服务相对滞后为特征的经济社会发展失衡，从而引发了对政府责任的探讨。中国经济增长与宏观稳定课题组[40]认为，国富与民生关系的失衡是当前各类失衡的本质体现，并做出了"当前中国的发展出现了以国富与民生关系失衡为本质特征的增长失衡"的判断。在此基础上，该课题组强调了政府在教育、医疗、社会保障等与民生有关方面的责任，正是对社会公平的诉求才凸显了政府的责任。吕炜、王伟同[41]对发展失衡进一步区分为"发展阶段型失衡"和

"政府责任性失衡"，并且认为是公共服务供求双方的因素共同导致了中国发展失衡问题的集中爆发。改变中国发展失衡现状，不应仅仅要求政府在公共服务领域承担更多责任，更应立足体制转轨背景，加快变革引致政府行为偏差的体制性因素。

1.3.3 基本公共服务财政保障的路径选择

对于基本公共服务的供给保障问题，包括供给不足的问题和供给不均的问题，近年来不少学者从不同角度进行了研究。归结起来，大致包括三个方面：政府职能的转变、财政管理体制改革以及具体的财政制度。

一些学者认为政府职能的转变是解决基本公共服务保障问题的根本。丁元竹[42]从需求结构的分析入手，把国内需求分为基本社会公共服务需求和超值服务需求，认为中国目前的情况是，市场决定的部分超值消费服务、物品和资源供给过剩，而由政府或社会提供的基本社会公共服务供给不足，因此要明确不同公共服务供给主体的责任，政府的职能重点应从经济服务转向社会管理和社会服务。常修泽[43]从市场经济条件下政府的公共服务职能与公共财政投向的角度提出，财政资金应逐步退出一般竞争性领域，从而加大对目前比较薄弱的基本公共服务领域的投入。迟福林[44,45]则认为，建立以公共服务为导向的干部政绩考核制度和中央对地方干部的问责制是关键。林家彬[46]强调城市政府和基层政府在政府职能分工中应以提供公共服务为主。

一些学者提出公共财政管理体制改革是解决基本公共服务均等化的根本措施。安体富[47]认为公共服务供给不足的体制性原因是基层财政的财力与事权不匹配。金人庆[48]提出，要进一步明确中央和地方的事权，健全财力与事权相匹配的财税体制。方栓喜、匡贤明[49]认为，要尽快实现中央地方关系从"以经济总量导向"向"以基本公共服务均等化为导向"转变，使有限的公共资源在中央地方之间实现优化配置。马国贤[50]还提出了实施"两级"政府建设战略，构建"五级政府、三级财政"体制的构想。他把政府划分为一般政府和社区政府两种类型，其中县级及县级以上政府为一般政府，乡镇政府为社区政府。而在一般政府中，中央政府为领导型政府，省级政府为中间型政府，市县政府为基层政府。国家将重点放在"两级"，即中央政府和基层政府的建设上，上级政府将基本公共服务委托基层政府管理。而预算级次上按"省直管县""乡财县管"的原则，只有中央、省和市县三级财政。还有学者认为，分税制财政改革过分强调财政自治的理念，各级财政都把焦点对准了本级财政，而不是辖区财政，导致各级政府的辖区财政责任缺失。因此应改革财政管理体制，变本级财政为辖区财政，落实各辖区财政的基本公共服务均等化责任[24]。

许多学者都在基本公共服务保障的具体制度和政策设计上提出了相关思路和对策。刘尚希等[11]提出建立城乡统一的公共服务制度，强化公共财政统筹安排政府财力的能力，不断优化财政支出结构，实现财政支出进一步向基本公共服务领域倾斜。吕炜、王伟同[27,51]以均等化标准、政府能力与公共需求作为切入点，研究了基本公共服务均等化的一般分析框架，并提出通过体制改革建立以公共需求为导向的公共服务提供模式是推进我国基本公共服务均等化的现实路径。李静毅[34]认为，现有财政预算的"现金收付制"理念有可能使政府放弃应该履行的一部分职责去平衡财政收支；相反，如果采用资产负债的理念，那么政府供给公共服务的余地就大了很多。改革现行中央地方转移支付制度以实现基本公共服务均等化是被广泛提及的思路。如熊波[52]提出，健全中央和地方财力与事权相匹配的体制，构建完善的转移支付法律体系，要形成统一、规范、透明的财政转移支付制度。

1.3.4　研究现状简评

从上述文献梳理中可以发现，虽然基本公共服务问题作为我国近年来的一个热门话题，研究成果不少，但是在有关问题上，包括研究对象本身，仍然存在较大分歧，因此对这一问题还有较大的研究空间。

首先，现有文献对基本公共服务的范围及政府介入基本公共服务的理据研究比较缺乏，过于拘泥于传统公共产品理论。对基本公共服务内涵的理解，有的过于偏重字面意义上的解读，随意性较大；有的从"民生"或"人的基本权利"的角度来界定，但往往范围过宽；还有的索性把基本公共服务与一般意义上的公共服务等同。理解上的差异造成了研究范围上的混乱。在提出政府介入基本公共服务的理据时，从传统公共产品理论出发，却把明显不具有传统公共产品"非竞争性"和"非排他性"特征的教育、卫生等服务归为纯公共产品或准公共产品，难以令人信服。

其次，在基本公共服务供给不足与不均的原因分析和有关政策建议上存在一些误区。在政治原因分析上，现有文献强调中央的政绩考核制度对地方政府及其官员行为的影响，这是符合中国实际的，但简单把政绩等同于经济增长指标本身有失偏颇。而在经济原因分析上，主流文献把基本公共服务供给不足归结于中央与地方财力与事权不匹配导致的地方财力不足。这些认识上的误区导致了政策建议上的偏误。

　　最后，主流文献忽视了基本公共服务保障体制背后的逻辑和中国城乡二元基本公共服务体制形成的特殊环境。每一种存在较长时期的社会体制都不是凭空创造出来，而是内生于历史并且有路径依赖的，因此对体制形成的逻辑和环境的考察就非常有必要。

　　基于此，本书认为我们有必要在明确界定基本公共服务的范围和对我国城乡二元基本公共服务保障体制变迁及其所蕴含逻辑的考察基础上，重新审视有关理论对我国基本公共服务保障中的问题的适用性，并进行相应的理论和实证分析。

1.4　主要问题、方法与技术路线

　　进入 21 世纪以来，中国的改革发展进入深水区。被改革初期高速发展的经济成果所掩盖的社会问题越来越明显地表现出来，特别是教育、医疗、社会保障等基本公共服务的供给不足和供给不均问题成为阻碍经济持续发展和社会公平和谐的瓶颈，各方都在寻求问题产生的原因和解决问题的思路和对策。本研究以中国转型期所伴随的城市化快速发展为背景，围绕中国基本公共服务供给不足与不均这个问题，探索其形成的体制性原因和改进路径。具体而言，主要从四个方面对这个问题展开研究：其一，中国基本公共服务体制形成的逻辑。通过对中国基本公共服务体制变迁的历史考察，追寻其背后隐藏的逻辑，从而为改革这种体制指明方向。其二，城市化对基本公共服务需求和供给的影响。中国从计划经济向市场经济转型的过程中伴随着快速城市化，市场和政府两种力量叠加，共同主导中国的城市化过程，由此产生地方政府面临的发展压力和基本公共服务供给压力以及城市化进入新阶段后的政策取向。其三，分权财政体制下地方政府的行为取向及其对基本公共服务保障的影响。通过对财政分权理论的梳理，特别是对所谓"中国式财政分权"的剖析，多维度考察地方政府公共支出偏向的原因，而不仅仅是官员的晋升考核机制。其四，通过对政府财政支出结构和转移支付结构的考察，找出基本公共服务供给不足和供给不均的症结所在，澄清目前一些主流研究成果在认识上的误区和政策建议上的误导。

基本公共服务保障作为一个社会制度安排，既与现实非常贴近，又有很强的路径依赖性；既需要大量的经验事实做依据以增强结论的可靠性，又需要理论上的深度挖掘以增强论证的说服力。因此，本研究采用历史考察与逻辑论证相结合、理论研究与实证研究相结合的方法；在具体理论上，运用了城市化与二元经济结构理论、财政分权理论等；在具体方法上，运用了博弈论、不均等评价技术和计量经济学方法等。

首先，对我国的基本公共服务体制和城市化发展进行了历史与逻辑相结合的考察。在本书第二章中，对我国基本公共服务体制的历史变迁、面临的困境进行了考察，然后分析了这一体制背后的逻辑基础和在新的发展阶段这种逻辑必然终结的理据，让我们可以更清晰地看到这一制度形成的根源和改革的方向。在第三章中对我国城市化发展的历史和特征进行了分析，并论证我国城市化已经进入了新的转折点，为基本公共服务保障体制改革提供了契机。

其次，对我国基本公共服务供给不足和供给不均的体制性原因和城市化发展中的二元经济结构问题从理论和实证两方面进行了论证。理论研究方面，第三章对发展经济学和新兴古典经济学的城市化理论和城乡二元经济结构理论进行了较系统的梳理，并与中国城市化的实际进行了对比研究。第四章运用财政分权理论分析中国经济与社会发展失衡、基本公共服务供给不足的体制性原因，并建立了一个地方政府竞争的理论模型。实证研究方面，对地方政府支出规模膨胀趋势及支出结构偏向进行了分析，并以义务教育支出为例对地区、城乡间的不均等问题做了实证分析。

　　最后，在理论和实证分析中具体运用了博弈论、不均等评价技术、计量经济学方法等。第四章中的地方政府竞争模型，实际上是一个斯塔克尔伯格（Stackelberg）主从博弈模型，由中央政府先行决定政绩考核方式和财政分享规则，地方政府再确定财政支出结构和税制结构。在第五章中运用东、中、西部六个省的面板数据进行了影响基本公共服务财政支出的固定效应计量经济学分析。在第六章中运用双变量泰尔指数法对义务教育的城乡和地区不均等情况进行了多维度的分析。

　　本书的研究思路层层推进，理论与经验研究并重：在提出问题和评述相关文献之后，对相关制度背景和特征事实进行了考察，进而展开理论分析，并在基本公共服务供给不足和供给不均两个方面展开实证研究，最后总结全文，讨论此项研究的政策蕴含，并展望下一步工作。具体研究技术路线如图 1.1 所示。

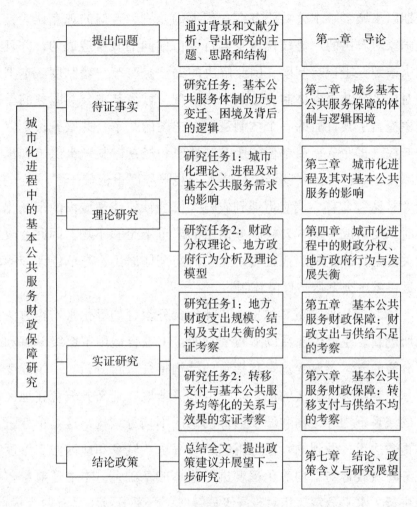

图 1.1 本书技术路线框架

1.5 主要创新点

（1）发现了城乡基本公共服务保障体制形成的产权逻辑。中国长期以来城乡基本公共服务存在很大的差别,普遍的观点认为,这是国家对农民的户籍歧视以及实行城市偏向的政策造成的,并且还认为根源在于户籍制度,因此解决的办法是改革户籍制度。本书通过对城乡公共服务体制变迁的考察发现,城乡基本公共服务的差距表象掩盖了其背后的一个体制逻辑:中国的基本公共服务长期以来按产权(即个人所属单位的所有制性质和经营体制)来供给和承担保障责任。这种体制逻辑使得基本公共服务严重依赖于"单位"或者"社队"集体,当它遭遇到农村人民公社解体和城市的市场化改革时,便造成了基本公共服务供给的严重不足和不均。因此,改革的关键是打破这种产权逻辑,建立面向全体居民、与单位无涉的城乡居民基本公共服务保障体制。

(2)运用双变量泰尔指数法评价义务教育均等化水平在方法上有所创新。主要体现在以下两个方面:①综合运用了层级分解和水平分解的方法对双变量泰尔指数的结构特征进行分析。运用双变量泰尔指数层级分解法的优点是,可以清晰地看到义务教育在地区内部的城乡不均等结构和城乡内部的地区不均等结构,这是单变量泰尔指数法无法做到的。在运用层级分解法从城乡和地区两个维度对义务财政教育支出均等化程度进行测算的基础上,本书还对泰尔指数进行了水平分解。相对于层级分解法,水平分解法具有两个优点:一是由于对变量的分解没有优先顺序,每个变量的地位是平等的,便于对各变量的均等化水平进行比较;二是这种方法可以清晰揭示各变量的交互作用对均等化水平的影响。②通过对 Theil-T 指数值和 Theil-L 指数值的对比分析,指出了这两种泰尔指数值在使用上可能产生的误区。Theil-T 和 Theil-L 指数在考察组间或组内总体差距时,得出的结论是一致的,但在考察组内构成差异时结论会有较大偏差,有时甚至会得出相反的结论。遗憾的是，从目前收集到的文献来看，没有一篇指出二者之间的区别，有的文章甚至直接误用。

（3）论证了基本公共服务供给不足的"财力与事权不匹配论"总体上不成立，有助于澄清对分税制财政体制认识上的误区。当前主流的观点认为，1994 年分税制财政体制改革后，中央集中了大部分财力，各级政府财权层层上收，事权层层下放，财权（或财力）与事权不匹配导致基层财政困难，因此无力提供基本公共服务。通过对地方政府财力的实际状况的实证考察，本书认为"财力与事权不匹配论"总体上是不成立的。这种观点只考虑了财政收入的一次分配，实际上经过转移支付的二次分配后，地方财力占全国总财力的比例并没有减少，反而略有增加，再加上财政收入增速大于 GDP 增速，以及地方政府的预算外收入甚至体制外收入，地方政府并没有"哭穷"的理由。至于扩大地方的财权，也只是对发达地区有利；对于财源匮乏的贫困地区来说，有财权也不一定能带来相匹配的财力。因此，扩张地方的财权只会进一步扩大地方财力差距。

第 2 章

城乡基本公共服务保障的体制与逻辑困境

2.1 体制变迁

新中国脱胎于农业社会。在以农耕为主的社会里，历代王朝都奉行"重农抑商"的政策，国家的财税主要依靠乡村田赋，通过参与对农业剩余产品的剥夺来维持上层统治和官僚机器的运转。王朝的国家行政机构都止于县级，乡村社会在长期的演变中形成了自身特殊的非正式社会治理模式——乡绅为主导的治理模式。国家财政很少延伸到乡村，乡村公共产品一直延续着游离于国家财政制度之外的自我供给体制。乡绅、富裕大户等政治经济精英根据"智猪博弈①"的规则供给或组织乡村的社会治安、排解纠纷、兴修公共工程等有限的公共事务，缓解了公共产品供给上的困境[53,54]。这些公

---

① "智猪博弈"是博弈论中的一个经典博弈模型，它以大小猪争食为比喻阐述了在小集体中获利不同的个体应采取的最佳策略。在这一博弈中小猪的最佳策略是等待大猪行动，而大猪的最佳策略是不得不自己采取行动。在乡村公共产品的供给中，乡绅、经济大户扮演了"大猪"的角色。

共产品供给主要是维持乡村公共秩序和社区基础设施,而教育、医疗卫生、养老保障等现代社会的公共产品在那时还属于私人产品,主要由家庭自我供给①。

新中国成立后解构了原有的治理模式,建构了一种全新的治理模式。政府在基本公共服务保障方面经历了一条从"单位""社队"为主到一度"角色缺位"再到逐步"角色回归"的过程。在计划经济所有制条件下,我国建立了一套与经济体制相适应的社会保障制度。这种制度的最大特点是,在城市由"单位"来提供养老、医疗、住房等各种福利,在农村则由各"社队"集体提供。由于当时人们普遍以"单位人"或"社队人"形式存在,而且由于"单位""社队"不会倒闭,劳动者也不会失业,这种社会保障关系可以维持终生。当时经济条件落后,但因具有高度稳定的供给主体,总体上维持了大致均等的低水平的基本公共服务。

改革开放后,随着市场化改革的深入,出现了多种所有制经济相互竞争的局面。在城市,企业面临优胜劣汰,劳动者也面临失业;在农村,集体经济被打破,以家庭为单位的联产承包责任制逐步建立。"单位人"和"社队人"开始向"社会人""个体人"转变,原来由单位和社队提供的基本公共服务消失了,而本应由政府来弥补的这个角色却发生了一定程度的缺失现象,导致人们享受的基本公共服务减少,问题逐步突出。在旧的公共服务体制被打破的同时,新体制的构建也在不断摸索中前进。近年来,随着社会公平问题的日益突出,政府开始意识到必须建立一套新的基本公共服务的社会保障体制来取代原有体制,政府的角色也开始逐步回归。

---

① 例如,教育作为一种奢侈品,只有少数乡村精英才有能力享用,教育通过私塾提供,并非大部分乡村子弟能够担负。

2.1.1 计划经济时期的"单位、社队"保障体制

在计划经济时期，中国建立了一种以配给制为特征的国家包办式基本公共服务供给与保障体制。它在城市以"单位"为主体，在农村以"社队"为主体，"单位"和"社队"同时兼具生产经营和公共服务供给双重功能，不仅为个人提供工作场所，而且还以福利的形式提供基本公共服务。各种社会福利，如医疗、养老、住房、基础教育、弱势群体救济等，大部分都通过以单位和社队为提供者的"单位福利""集体福利"形式体现出来。无论是城市居民还是农村居民，都被牢牢地固定在各个"单位""社队"之中。

所谓"单位"是一种兴起于20世纪50年代、衰落于20世纪八九十年代，在我国城镇中普遍存在的社会组织形式。当时的企事业单位不仅仅是提供工作的经济组织，它还代理行使着部分的政府职能，如在国家统一政策框架下给职工提供基本的医疗、住房、退休金等福利，一些规模较大的单位甚至还有自己的学校、医院、电台等公益性基础设施，俨然一个小社会。

在城市，以公有制为依托的劳保制度覆盖了大多数城镇人口，并与当时重工业发展导向的高积累、低消费、低工资政策相配合，通过"企业（单位）办社会"的模式向员工提供全面的社会福利待遇来满足其基本生活需求。

在农村，自从20世纪50年代初农业合作化运动兴起以来，农户独家经营的局面逐渐让位于社队集体经营。人民公社体制下的农村集体经济组织形式完全取代了农业生产合作社经济组织形式和农村家庭经济组织形式。在这种体制下，社队集体经济组织不仅组织农民统一劳动，也负责提供一定的基本福利保障。

教育方面，以政府办学为主导，企业和社队办学占有重要地位。虽然国家一直要坚持"两条腿走路"的方针，鼓励多种形式办学，但主要目的是发挥厂矿企业和社队集体的办学积极性，公民个人既无办学的经济基础，也无办学的动力[55]，甚至也不允许。

医疗卫生在城市和农村按照完全不同的两种模式运行。城市在计划经济时期长期实行公费医疗和劳保医疗制度，农村则实行合作医疗制度。公费医疗、劳保医疗与合作医疗成为我国城乡传统卫生保健制度的三大支柱。1951年中央人民政府政务院颁布实施《中华人民共和国劳动保险条例》（以下简称《条例》），《条例》中的"劳动保险"与现在意义的社会保险不同，它包括公费医疗、职工退休后的养老金、女职工的产假及独生子女保健、职工伤残后的救济金以及职工的丧葬、抚恤等待遇，涵盖范围甚至超出了目前所指的基本公共服务项目。农村的合作医疗是农业集体化和平均分配制度的产物。在各级政府的直接干预下，伴随着农业合作化和人民公社的建立而兴起。从1955年起，合作医疗在广大的农村地区迅速建立，到20世纪70年代末期已经覆盖了90%的农村人口[56]。合作医疗制度被世界银行和世界卫生组织称为"发展中国家群体解决卫生经费的唯一范例"，享有"卫生革命"之誉[57,58]。

总体上看，计划经济时期在生产力水平相对低下的情况下实现了基本公共服务的普遍可及和局部均等化，但也存在诸多问题。一方面，在总体供给水平较低的同时，单一的供给主体和供给方式又导致了比较严重的资源浪费和效率低下；另一方面，城乡居民之间、城市不同所有制职工之间享受的基本公共服务也不同。这种以城乡二元结构和身份为基础的基本公共服务保障体制，直接影响了改革开放后中国基本公共服务保障体系改革和发展的路径。

2.1.2　体制转轨时期的政府角色缺位

改革开放以后，我国的经济体制发生重大转变，公有制经济一统天下的局面被打破。各种形式的非公有制经济迅速发展成长起来，传统的基本公共服务保障也面临来自体制的挑战。

在城市，开始面临激烈市场竞争和产业结构调整的国有企业，普遍出现了冗员太多、人浮于事的现象，严重影响到企业的生存与发展。"减员增效"成为深化国企改革的一剂良方，但企业在实际操作中过于注重下岗"减负"，而没有在关心和安排好下岗职工生活方面给予足够的重视，政府的角色出现了一定程度的缺位，从政策上、制度上都没有做好充分准备来为企业分流人员和非公有制经济员工提供基本公共服务，导致这部分人员的养老、医疗等基本公共服务失去保障。

在农村，情况更为严重。以家庭联产承包经营责任制为基本特征的农村家庭经营为主体的经济组织形式在全国普遍推行，代替了人民公社体制下的农村集体经济组织形式。家庭又成为我国农村中的基本经济组织形式，农民从"集体人"向"个体人"转变，经济活动空间从本土化区域活动向市场化的全方位活动转变。但是在农民走出集体经济，确立个体经济的过程中，原有在农村集体经济模式下以集体名义向农民提供的卫生、医疗等福利渐渐消失，新的保障体制却未及时建立起来，农村基本公共服务开始面临"断供"状态。

教育方面，在办学体制上改变政府包揽办学的状况，形成政府办学为主体、社会各界参与办学相结合的新体制，通俗地讲就是"人民教育人民办"。强调义务教育不仅仅是政府的责任，企事业单位和其他社会力量都有义务开展多渠道、多形式的办学，在政策上积极鼓励和支持有条件的地方实行"公办民助""民办公助"等办学形式。这种办学体制虽然在较大程度上缓解了国家财政支持教育的压力，但也带来了一些问题："企业办社会"导致企业负担过重；一些地方借"多种办学形式"搞公立学校民营化，有的重点学校搞"一校两制"或"一班两制"或做民办学校的依托学校，搞变相收费，加重了人民群众的负担，造成了事实上的教育不公现象。

医疗方面，随着家庭联产承包责任制的普遍推行，农村合作医疗纷纷解体。到 1984 年，全国只有 7.6% 的生产大队还存在合作医疗；到 1989 年，这一比例又下降到 4.8%，绝大部分农民失去了基本医疗保障[59]。与此同时，县乡卫生机构的资金来源中财政拨款所占的份额逐渐下降，其运行越来越多地依赖于收费。政府承担医疗卫生经费的比例有所减少，个人承担费用的比例增大，再加上药品价格和医疗卫生服务价格上涨偏快，使"看病难、看病贵"逐步成为全社会关注的焦点问题。

总体来说，这一时期的基本公共服务保障从国家包揽向市场化、社会化转变，政府在经济发展方面不遗余力，而在公共服务方面严重缺位。基本公共服务的普及性大大降低，大部分农村居民、农民工、城市贫困居民及非正规就业人员处于基本公共服务保障的边缘化地位，造成了城乡之间、区域之间、不同群体间差距显著，基本公共服务供给不足与供给不均共存。

2.1.3　探索中的社会化保障体制

随着改革的深化，政府开始意识到原有的公共服务提供体系已经不适应形势的需要，开始探索全社会统一的基本公共服务保障体制。应该说，在改革过程中这种政府角色的逐步回归，一方面是政府发展理念的转变，特别是"科学发展观"和"和谐社会"理念提出之后；另一方面也是来源于改革本身的压力和社会和谐稳定面临的挑战。

在义务教育领域，主要解决个人负担过重和均衡发展问题。2001 年开始提出实行"以县为主"的农村义务教育新管理体制，在此后的几年逐步得到落实。针对义务教育资金来源多元化带来的问题及农村义务教育事实上存在的农民负担过重问题，义务教育体制在保持"中央领导，地方负责，分级管理"的基本原则下，在具体管理体制上做了一些调整：减轻乡镇义务教育负担，强调义务教育均衡发展，先后在农村和城市实行了免费义务教育。随着改革开放的深入推进及城市化进程的不断加速，农民工的流动带来了流动儿童就学难的问题。针对此问题，逐步实施了"以流入地区政府管理为主，以全日制公办中小学为主"的政策，为解决农民工子女义务教育发挥了重要作用。

在医疗领域，政府开始尝试推出面向"社会人"的新体制。在城市，继 1994 年中央在镇江、九江两市医改试点之后，1998 年国务院颁布《关于建立城镇职工基本医疗保险制度的决定》，要求在全国范围内建立与社会主义初级阶段生产力水平相适应、覆盖全体城镇职工、社会统筹和个人账户相结合的基本医疗保险制度，确定了我国医疗保险制度改革的基本目标、基本原则和主要政策。2003 年"SARS（非典型性肺炎）"危机以来，政府出台了一系列政策，对现行的医疗卫生体制进行改革。其目标是加大政府责任，维护公共医疗服务的公益性质，建设覆盖城乡居民的基本卫生保健制度。在农村，原农村合作医疗式微之后，农村医疗保障制度空白状况受到决策部门的重视，提出了重组合作医疗的构想。20世纪90年代各地开始探索新的农村合作医疗形式并更多地采用现代社会保险的做法。2002年10月，中共中央、国务院《关于进一步加强农村卫生工作的决定》提出逐步建立以大病统筹为主的"新型农村合作医疗"（简称"新农合"）制度。"新农合"以"大病统筹"为主，实行个人缴费、集体扶持和政府资助相结合的筹资机制。2008年7月10日，卫生部宣布新型农村合作医疗制度已在全国31个省、自治区、直辖市应开展的县（市、区）实现100%覆盖[60]。不过，农村医疗卫生服务人员配置不足、队伍不稳定的问题仍比较突出。

养老和最低生活保障的社会化稳步推进。一是城镇职工养老保险逐步走向规范化。1997年国务院决定在全国范围内建立统一的企业职工基本养老保险制度。2000年国务院颁布了《关于完善城镇社会保障体系的试点方案》，确定了城镇企业职工基本养老保险制度的基本政策。2005年国务院又发布了《关于完善企业职工基本养老保险制度的决定》，城镇养老保险进一步走向规范化。二是城乡居民最低生活保障制度基本确立。1993年上海市首创城市居民最低生活保障制度，拉开了城市社会救济制度改革的序幕。1999年《城市居民最低生活保障条例》颁布并正式实施，标志着这一制度正式确立。2007年开始逐步在全国建立农村最低生活保障制度。三是城乡居民养老保险开始试点。2009年新型农村养老保险开始试点，而城市居民养老保险试点也于2011年7月启动。

总体而言，通过积极的社会政策体系建设，近年来我国基本公共服务的普及性和可及性有明显提高，但城乡二元结构仍未根本消除，城乡间、地区间、不同群体间享受的基本公共服务差距仍然较大。

2.2 体制困境

我国城市公共服务保障体制依赖于城市工业制度，即主要是随着企业的生产和分配制度的演变而变迁。1951 年颁布的《中华人民共和国劳动保险条例》，标志着政府对城市职工"从摇篮到坟墓"担负着保险责任，在吃、穿、用、住和医疗等方面先后做出了具有公共消费性质的制度安排[61]。在整个计划经济时期，城市的基本公共服务供给基本上是以单位为载体，以国家财政为保障。在国家严格控制城市人口规模的政策下，这套体制为社会的少部分人提供了低水平的公共服务。然而就是这种"企业办社会"的低水平服务导致了企业不堪重负的预算软约束，国家财政难以为继[62]。随着市场化改革的展开，城市多种所有制经济蓬勃发展，市场竞争压力加大，国有企业开始分离"办社会"的职能，并实行"下岗分流，减员增效"的扭亏增盈策略，原有的福利支付制度和风险分担机制被打破，新的基本公共服务保障体制尚未建立，这使得社会成员负担加重，并导致部分社会成员难以享受相应的基本公共服务，出现了"上学难、上学贵""看病难、看病贵"等现象。而城市化进程的快速发展，城市中基本公共服务供给不足和供给不均等现象越来越突出，以城乡二元结构为基础的基本服务体制越来越不适应新的形势发展需要。

2.2.1 基本公共服务供给不足，居民不堪重负

20 世纪 90 年代以来市场化改革深入推进，财政领域分税制改革

开始推行，企业的产权变革和公司化改造开始使社会经济遵循资本化的逻辑运行，我国的社会结构发生了深刻的变化。社会利益结构从改革初期全体居民普遍受惠到走向贫富分化，市场意识形态成为社会主流，渗透到包括基本公共服务在内的社会生活各个领域。

在社会的公共服务领域，全面市场化的改革也在传统计划经济中关乎国计民生的社会保障和福利领域顺次展开，住房、医疗、社保、教育领域都被纳入全面市场化改革的议题之中，与城镇居民相关的主要福利从由"政府买单"逐渐转向在市场价格下由居民"自己买单"。由于这种突如其来的全面市场化改革涉及国计民生的方方面面，加之企业转制和职工下岗的连带效应，确实对普通百姓的生活预期产生了强烈影响。无论是城市地区还是农村地区，集体制都被打破[63-64]。个人负担公共服务成本的比重显著上升，当政府缺乏有效的干预时，个人就会因为自身财力问题无法获得满足基本生活需要的公共服务。相对于以前的可获得性有限，当前基本公共服务的不普及主要体现在个人的可负担性有限。

农村的问题尤其突出。乡村公共物品制度外筹资对象和筹资方式发生了显著的变化，农民负担直接化、显性化了。一是筹资对象由过去的集体组织转向了以农户个体为主，农户成了费用的直接承担者；二是乡村组织的制度外公共物品筹资方式，也不再是从集体经营收益中以公积金和公益金形式事先扣除，而是直接向农户收取，这种筹资方式无疑是对农户生产经营剩余的直接分割，从而使过去隐形的农民负担直接化、显性化了。有学者利用统计数据将人民公社时期和家庭承包制时期的农民负担进行了比较，计算结果表明，公社时期农民间接负担与上年人均纯收入的比值最高年份达到了35.2%（1970 年），最低也有 20.0%（1962 年），其平均值为

24.8%。这一结果尚未把那一时期极为严重的工农产品"剪刀差"和大量的无偿使用劳力考虑在内[65]。而按同口径计算，1993、1997、1999、2000年四年农民的平均负担水平最高为30.8%（1993年），平均为22.6%。这意味着与人民公社时期相比，农村居民实际负担比例相对还有所下降。但因为这些费用直接向农民收取，并且农村公共品供给的相对缺位（比如，享受不到人民公社时期免费的合作医疗），农民对负担的感受更重了。农村税费改革及农业税取消后，农民负担大大减轻，但农村基本公共服务供给水平仍然偏低。

在教育领域，义务教育经费来源多元化的实际执行结果是把负担转嫁到了居民身上。在推进市场经济体制和经济成分多元化的条件下，国家提出多渠道、多形式办学，允许有条件的地方实行"公办民助""民办公助"等办学形式。这种办学思路在实际操作中演变成公立学校民营化。有的重点学校搞"一校两制"或"一班两制"或做民办学校的依托学校，搞变相收费。这些所谓的学校改制，直接或间接地与经济利益相关，目的是借以规避《义务教育法》所规定的"就近入学"和"免收学费"的限制，使择校由"明"变"暗"，收费由"非法"变成"合法"[55]。中小学择校费基本处于无序状态。北京师范大学2008年公布的一项调查显示，北京市小学阶段择校费平均达19 637.83元，初中阶段13 694.85元，非义务教育的高中更是高达27 518.34元[66]。这个问题在2008年以后先后在农村和城市实行免除义务教育学杂费以后逐步得以缓解，但是政府教育经费投入仍然偏低。1993年中共中央、国务院颁布的《中国教育改革和发展纲要》提出，到20世纪末，财政性教育经费占国内生产总值的比例要达到4%，但这一目标至今仍未实现，其间2009年这一比例才达到3.59%（2000—2009年财政性教育经费占国内生产总值的比例，见图2.1）。

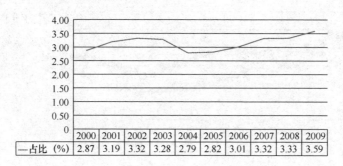

	2000	2001	2002	2003	2004	2005	2006	2007	2008	2009
—占比（%）	2.87	3.19	3.32	3.28	2.79	2.82	3.01	3.32	3.33	3.59

图2.1　2000—2009年财政性教育经费占国内生产总值的比例

资料来源：2001—2010年《全国教育经费执行情况统计公告》。

在卫生领域，20世纪80年代实行多种形式的财政分级包干体制以后，医疗卫生事业发展的责任，特别是政府的出资责任，主要由地方财政承担。在20世纪90年代分税制改革以后，中央财力有了很大增强，但尚未形成有效的转移支付制度，欠发达地区地方政府财力捉襟见肘。其直接后果是，政府承担医疗卫生经费的比例有所下降，个人承担费用的比例上升。在20世纪80年代个人承担卫生支出的比例低于政府承担比例，20世纪90年代个人承担的比例迅速上升，到2001年个人承担比例最高时达60%（见图2.2）。同时，药品价格和医疗卫生服务价格上涨偏快，使"看病难、看病贵"逐步成为全社会关注的焦点问题。尤其是在农村，由于原有的合作医疗基本解体，"看病难、看病贵"的问题更加突出，严重影响了农村经济发展和社会稳定[59]。2003年，第三次全国卫生服务调查发现，疾病是农村居民致贫的首要因素，大约三分之一农村贫困人口都是因病致贫[2]。实行"新农合"以来，农民医疗负担有所减轻，但保障水平偏低，"因贫致病、因病返贫"的现象仍然相当普遍。

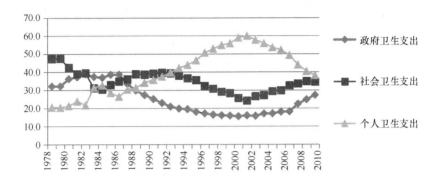

图 2.2　1978—2008 年政府社会个人卫生支出比例

资料来源：《2010 年中国卫生统计年鉴》。

2.2.2　基本公共服务供给不均，社会公平问题突出

　　相对于供给不足的问题，基本公共服务供给不均的问题更加突出。市场化改革一方面极大地解放了社会生产力，另一方面也使社会公平在 20 世纪 90 年代中后期陷入危机之中。全社会分配领域内的经济利益与社会公平之间形成了越来越突出的新矛盾，在分配格局上地区差距持续扩大，贫富分化继续加深。矛盾和分化产生的最主要原因是劳动关系的调整。一方面，国企改革使劳动关系全面市场化，用工制度上实行全员劳动合同制，企业转制过程中出现大量下岗和转岗职工。由于长期以来社会福利大多由"单位"供应，"单位"之外缺乏相应的社会化保障体系，致使他们的权益和生活没有得到合理保护和安排。另一方面，各类非公有制经济迅速发展，已经成为中国经济的重要市场主体和就业载体，而非公有制经济劳动力市场发育不成熟，劳动关系不规范，得不到基本公共服务保障。更为重要的是，在城市化快速发展过程中，大量流入城市的"农民工"进入了非正规单位或正规单位的非正规岗位就业，他们也没有

纳入基本公共服务的保障体制内，由此形成了地区之间、城乡之间以及地区、城乡内部不同群体之间的基本公共服务供给不均现象，严重损害了社会公平。

义务教育方面，2008 年开始的义务教育免除学杂费制度以来，城乡居民义务教育负担大大减轻。但是随着城市化进程的加快，基础教育的流动性增大，社会对教育公平提出了新要求，城市义务教育面临严峻考验。按照目前的城乡人口基数，城市化程度每增加一个百分点，就将涉及近 1 000 万的流动人口，其中大约有六分之一是适龄青少年儿童。要让这些务工人员子女"有学上""上好学"，体现教育的公益性、普惠性，需要对教育资源进行调整和优化。

医疗卫生方面，由于长期受城乡二元结构的影响，我国医疗卫生资源配置不均衡、城乡差异较大的状况进一步加剧。有学者称我国卫生资源配置呈"倒三角"形态，即公共医疗卫生资源更多流向城市，而人口多、卫生资源需求量大的广大农村地区占有的公共卫生资源明显不足[67]。我国城市和农村的政府卫生支出差额从 1995 年的 323.9 亿元扩大到 2008 年的 7974.6 亿元，城市与农村人均政府卫生支出比值从 1995 年的 3.55 倍上升到 2008 年的 4.09 倍。与城市相比，乡村公共卫生服务机构的配置还存在较大差距。由政府投资的乡镇卫生院在行政村设的卫生室所占全部村卫生室的比例还很低，2009 年共计 45434 个，只占全部村卫生室 632770 个的 7.18%，全国 599127 个村中尚有 9.6% 的村没有任何卫生室，农村医疗卫生机构建设状况堪忧①。

---

① 数据来源：相关年度《中国卫生统计年鉴》。

2.3　逻辑困境

现有文献对城乡公共服务差距的原因分析一般从二元供给体制上找原因，或者归结于对农民的身份歧视和"以农补工"的政策歧视，而且认为城乡分离的户籍制度是造成这种歧视的"罪魁祸首"，却很少进一步探究这种体制或政策背后所蕴含的逻辑，以及这种逻辑在以市场经济为特征的现代社会是否还有存在的理由。

2.3.1　体制背后蕴含的产权逻辑

中国有着悠久灿烂的农业文明历史，历来实行"重农抑商"的政策。农业被称为"本业"，而商业被称为"末业"；所谓"士农工商"的排序也表明了农民的地位也高于工人和商人。在新中国成立并完成社会主义改造后，我国却形成了城乡分割的二元社会体制，特别是二元公共服务体制，农村居民与城市居民相比，在享受基本公共服务方面总体上明显处于劣势。在中国这样一个具有悠久重农传统的国家，如果仅仅把这种现象归结于对农民的身份歧视，就很难令人信服，在这种体制表象背后一定存在更深刻的社会逻辑。

生产资料的所有制形式作为决定社会基本制度的构成要素，应该是理解社会体制逻辑的基础。从我国基本公共服务保障体制的历史变迁可以看出，基本公共服务的供给始终贯穿着这样一种逻辑：按生产资料的所有制性质和经营权的不同，分别采取不同的供给和保障责任模式。由于所有权和经营权都属于产权，本书称之为基本公共服务保障的产权逻辑。在这种逻辑下，全民所有制单位员工由单位供给，国家财政担负保障责任，成本由全国公民承担；集体所有制单位员工（社员）由单位供给和承担保障责任，成本由集体成员承担。新中国在城市工商业社会主义改造完成后，全民所有制经济在城市占主体；而在农业集体化运动后，集体所有制经济在农村占主体，于是形成了基于上述逻辑的城乡二元基本公共服务保障体制。

从1951年政务院颁布《劳动保险条例》开始，中国的基本公共服务保障制度就沿着不同的路径演变、发展。城市社会的主体保障制度模式随着企业所有制和经营体制的演变而变迁，大体经历了六个发展阶段：劳动保险制度→单位供给国家责任→单位供给单位责任→单位供给社会保障试点→面向职工的社会保障→面向居民的社会保障。与城市不同，农村社会的主体保障模式随着农村土地制度及农业生产和经营方式的变革而变化，也大体经历了六个阶段，即家庭保障→集体保障→家庭保障→家庭保障＋社会保障试点→家庭保障→社会保障（见表2.1）。

表2.1 中国城乡基本公共服务保障体制模式的演变

城　　市				农　　村			
时间	产权形式	保障模式	主体内容	时间	产权形式	保障模式	主体内容
1951—1968年	国有＋国营	劳动保险	由企业上缴劳动保险基金，在县、市、省乃至全国调剂使用	1950—1956年	私人所有＋家庭经营	家庭保障为主	以土地为依托的家庭保障为主，个别特困户、五保户由民政部门及社区救济

续表

城　市				农　村			
时间	产权形式	保障模式	主体内容	时间	产权形式	保障模式	主体内容
1969—1983 年	国有＋国营	单位供给＋国家责任	资金来源于企业营业外支出或税前列支，国家承担最后保障责任	1956—1979 年	集体所有＋集体经营	社队集体保障为主	以农村集体经济为依托，广大农民的生、老、病、死，由"生产队、大队、人民公社"三级负责
1984—1993 年	国有＋承包制	单位供给＋单位责任	资金来源于企业营业外支出或税前列支，主要由企业承担最后保障责任	1980—1986 年	集体所有＋家庭经营	家庭保障	集体保障瓦解，农民又回到家庭保障阶段
1994—1997 年	多种所有＋公司制	单位供给＋社会保障试点	教育、医疗等产业化，以单位为主体的养老、医疗保障走向解体，社会化保障覆盖面窄	1987—1998 年	集体所有＋家庭经营	家庭保障＋社会保障试点	以家庭保障为主，在富裕农村地区试行农村社会养老保险制度，且得到了较快发展
1998—2007 年	多种所有＋公司制	面向职工的社会保障	职工基本养老、基本医疗保障启动，个人、企业、国家三方共同出资，基金在县、市、省调剂	1999—2005 年	集体所有＋家庭经营	家庭保障	农村社会养老保险制度停滞，合作医疗正在试点，实质上农民又回到家庭保障模式上来
2009 年以来	多种所有＋公司制	面向居民的社会保障	2009 年实行免费义务教育，2011 年启动城市居民养老保险试点，保障性住房计划。养老、医疗保障等走向更大范围的统筹	2006 年以来	集体所有＋家庭经营	社会保障	2006 年包括农业税在内的主要农村税费品种基本取消，2008 年实行免费义务教育，2009 年"新农保"试点

　　注：①1956 年社会主义改造完成之前，所有制形式比较复杂。②实际的基本公共服务保障制度在演变过程中存在交叉和过渡，并非按表中的时间严格划分的，并且各项基本公共服务保障体制模式演变的进度也不完全相同。③表中所列的保障方式所指的是主体保障方式，实际上在任何时期都有国家补助或救助等辅助保障方式。

　　值得指出的是，这里所说的劳动保险和社会保障制度，包含的范围非常广泛，实际上包含了大部分个人福利，有些甚至超出了基本公共服务范围。政府对国家机关、事业单位工作人员在病假、生育、退休、死亡等各方面逐步建立了完善的劳保待遇。除以上福利之外，职工还享有名目繁多的各种补贴，就业人口也基本由所在单位提供[68]。按照传统基本公共服务供给逻辑，城市国营企业职工和机关、事业单位工作人员的基本公共服务由单位供给、国家保障。

　　因为这种产权逻辑的存在，在城市内部因个人所属单位的所有制属性不同，也享受着不同的福利待遇。城市社区中也有集体制企业，主要有厂办集体企业和社办集体企业。但从产权属性的角度看，集体制可看作国有企业的"二级产权"，企业职工在身份上也有差别，被明确区分为"全民职工"和"集体职工"。集体企业始终处于一种悖谬的处境：它在产权和经营上具有极强的行政依附性，属于国家单位支配下的企业组织，但职工在身份上却不属于国家职工，在产权和身份上都是极其模糊的[69]。可见在城市内部因企业产权属性的差异，"全民职工"和"集体职工"享受截然不同的福利和社会保障待遇。

　　20 世纪 50 年代中期农业集体化完成后，农村的人民公社经济是一种以土地集体所有为核心的集体所有制经济①，农村依托集体经

----

　　① 农村人民公社划分为两个历史时期，其所有制具体形式有所区别：人民公社运动时期，即"大公社"时期，实行的是单一公社所有制，是在征集所属各农业合作社和社员的生产资料的基础上创立的。1962 年初创立至 1982 年正式解体的人民公社是"小公社"，这个时期实行的所有制是以"三级所有、队为基础"为主要特征的人民公社、生产大队、生产队三级集体所有制。

济较快地建立了相应的基本公共服务保障框架。1956 年起推行的"五保"供养制度对缺乏劳动能力、生活没有依靠的鳏寡孤独社员实行保吃、保穿、保医、保住、保葬（孤儿为保教），其主要经费来源也为社队集体经济，国家实行一定的救济。由于以集体所有制为内核的农村土地制度以及与之相关联的农业生产方式并没有发生实质性的变化，从而决定了农村以土地经营为基础的家庭保障主导模式没有得到根本改变[70]。

农村基本公共服务保障体制背后的逻辑是，既然以土地为主的生产资料所有权归集体所有，那么农民的基本公共服务自然应该由农村集体经济提供保障。在计划经济体制下，土地归人民公社、生产大队、生产队三级集体经济组织所有和经营，其中生产队这一级的所有和经营是三级所有中最基本和主要部分[71]。农村家庭联产承包责任制实行后，土地集体所有制没有变化，但是经营体制却由集体统一经营转变为以家庭为单位经营。其所蕴涵的经济逻辑是：土地集体所有制从根本上解决了历史上土地私有制无法解决的"人人有饭吃"的生存保障问题；土地均分的家庭承包经营责任制则彻底解决了传统集体所有制所面临的团队生产中的激励机制问题[72]。

然而，家庭承包制的经济逻辑并没有改变基本公共服务的产权逻辑，并且随着所有权和经营权的分开，其形式发生了变化：土地的经营权已经归家庭，因此原先由社队集体提供的公共服务应该由家庭自己提供；土地所有权仍归集体所有，因此集体经济组织应承担公共服务的最后保障责任。家庭联产承包责任制并没有改变土地的集体所有制性质，理论上依附于土地之上的集体经济组织应该承担基本公共服务保障的最终责任。但实际上，家庭联产承包责任制以前"政社合一"的人民公社、生产大队、生产队的所谓集体早已被行政或自治性质的乡镇政府、村委会、村民小组所取代，农村集体经济组织的弱化甚至解体已是不争的事实。只有某些发达地区的农村利用集体土地开发和经营了成功的乡镇企业，村民才享受了集体经济组织提供的优厚的基本公共服务，如江苏、浙江、广东三省的一些城郊农民。对于全国大多数的农村地区来说，农民的基本公共服务和其他公共服务，需要通过乡、村组织自筹经费，这就是农村税费改革以前农民要缴纳的"三提五统"① 和各种集资摊派，由此造成了农民负担过重的问题。农村税费改革和农业税取消后，这一问题才得以缓解或者消除。农村的社会化保障体系开始逐步建立，基本公共服务保障的产权逻辑正逐步被打破。

2.3.2 产权逻辑的困境

长期以来，城乡之间和城市内部的基本公共服务保障体制按照产权逻辑来构建，形成了很强的路径依赖。所谓路径依赖是指一个具有正反馈机制的体系，一旦某一制度在外部偶然性事件的影响下被系统所采纳，便会沿着一定的路径发展演进，而很难为其他潜在的甚至更优的制度所取代。也就是说，制度究竟向哪个方向发展是依赖于初始条件的。正是因为路径依赖的存在，一旦一个社会选择了某种制度，无论它是否有效率，都很难从这种制度中摆脱出来。

---

① 所谓"三提五统"，其中的"三提"是指由村级组织收缴的管理费、公积金和公益金所组成的"三项提留"款项；"五统"是指由乡镇政府收缴的用于乡村道路、农村教育、计划生育、民兵训练和优抚等公共事业的"五项统筹"款项。

正如诺思所说："历史是至关重要的"，"人们过去做出的选择决定了他们现在可能的选择"[73]。无论是新制度的试点，还是新规则的确立，人们更多的是在"边干边学"，是人们不断地"试错"、不断总结经验、不断学习的结果；反过来，有效的制度又鼓励人们不断学习，进一步创建新的规则和制度[74]。体制的路径依赖反映了其背后的逻辑困境，因此要走出基本公共服务保障体制的路径依赖必须打破现有的产权逻辑。

从前提条件和社会环境的角度来看，以土地所有制为主体的产权在现代市场经济条件下的公共服务保障功能已经弱化。在传统小农经济条件下，土地是农民最重要和最主要的谋生手段，也是农村家庭最重要的经济来源。可以说，土地是家庭生活保障和养老保障的基础。然而，随着市场经济体制的确立，工业化和城镇化进程的加快，以及老年化社会的到来，土地的保障功能已经呈现明显弱化趋势[75]。土地保障功能存在的前提是集体经营，因为土地只是生产要素，必须通过人的劳动才能有产出，在家庭承包经营土地的条件下，如果家庭成员失去了土地耕种能力，土地的保障功能就不复存在了。同时，农业除了要承担市场风险外，还面临很大的自然灾害风险，天然缺乏保障功能。有学者对土地保障或"土地福利化"提出质疑，认为社会保障的核心是提供保障的义务不能"私有化"，即政府不能把自己的义务推卸给农民，不能让农户自己保障自己[76]。这里所说的社会保障可以扩大到所有的公共服务领域。公共服务之所以被称为公共服务，就在于其公共性，如果公共服务由家庭自己提供，就不能称为公共服务了，实际上就等于取消了公共服务。承包经营制下的土地保障其实就是家庭保障，家庭保障并非公共保障，它只是一种辅助保障形式，在计划生育政策和城市化条件下，其保障功能已经大大弱化，且不符合现代保障模式的新发展趋势。

从制度供给的角度来看，社会经济体制的变革也给基本公共服务保障产权逻辑带来了冲击和挑战。其一，人民公社组织体制和以生产队为基础的集体经济组织的解体，使许多地区的集体公共积累明显减少，导致了农村原来依托集体经济发展起来的各项社会保障与福利事业不得不改换形式或进行创新。其二，作为一种曾经发挥过社会保障制度功能的集体经济分配方式在农民总收入中所占的份额越来越小，其所发挥的潜在社会保障功能在新形势下日趋减弱。其三，社会救济资金在集体组织功能弱化的状态下难以满足救助对象。从 20 世纪 80 年代开始，我国农村社会保障制度就处于旧制度瓦解、新制度尚未建立的状态之中，农村社会保障制度严重缺失。

从实际社会效果来看，产权逻辑造成了事实上的城乡之间和城乡内部基本公共服务供给不均。在计划经济时期，因国有经济天然比集体经济具有更高的保障能力，供职于全民所有制单位和集体所有制单位的城市居民之间，以及土地所有制不同的城乡居民之间在享受基本公共服务方面就存在较大的差距。那时人们总体生活水平还不高，计划经济统一调配资源的能力强，因此社会总体差别还在可接受的范围内。但是随着市场经济的推进，多种所有制经济共同发展，非公有制经济成为劳动就业的主体，劳动力市场中的人员流动也非常频繁，原有的基本公共服务保障体制的弊端越来越明显。城乡之间的差距、城乡内部不同群体之间的差距日益拉大，严重影响了社会公平。政府也意识到了基本公共服务均等化的重要性，但只是习惯地采用了一些"运动式"的临时补救措施，如在全国搞"社会帮困"活动、搞"送温暖"工程等。这些活动成本不菲，收效却甚微。要使社会救济制度真正成为与市场经济配套的最后安全网，必须打破基本公共服务保障的产权逻辑，建立与产权无涉的真正社会化的基本公共服务保障模式。

第 3 章

城市化进程及其对基本公共服务的影响

城市化是 20 世纪以来对人类社会影响最大的社会过程。当今世界，城市化几乎成为现代化发展水平的直接指标。与此同时，城市化也引起了经济、政治、社会等各界学者研究的兴趣。他们从不同的角度对城市化现象和过程进行研究，形成了异彩纷呈的理论框架和研究范式。顾朝林对城市化的国际研究理论成果进行了较为系统的梳理，在分析初期城市化的动力机制以及发达国家和发展中国家工业化背景下的城市化过程基础上，概括了第三世界城市化理论研究的 6 个框架，即经典与传统方法、自上而下的发展范式、历史主义方法、激进主义政治经济学——依附方法论、自下而上的发展范式及后现代主义方法，并分析了全球化背景下的世界城市化过程[77]。但城市化过程之所以引起的人们的关注，很大部分原因是由于它与经济结构与效率有着很强的相关关系。

3.1 城市化与二元经济结构的基本理论

尽管城市化包含多种含义，但主要是指乡村人口向城市流动这一过程。对于发展中国家来说，城市化发展过程也是二元经济结构的转换过程。所谓城乡二元经济结构是指以城市工业为主的现代部门与以农村农业为主的传统部门并存，传统部门比重过大、现代部门发展不足，以及城乡差距十分明显的经济结构[78]。"二元经济"这个术语最初是由荷兰经济学家 Boeke 在其 1953 年的论文《二元社会的经济学和经济政策：以印度尼西亚为例证》中提出来的[79]。他以 1860 年的印度尼西亚社会经济状况为考察对象，把该国经济划分为由本地居民经营的传统部门和由荷兰殖民主义者经营的资本主义现代部门。Boeke 的研究是开创性的，但同时又仅仅是描述性的。关于发展中国家经济二元性的明确的、系统的理论则是由刘易斯（W. A. Lewis）于 1954 年在《劳动无限供给条件下的经济发展》一文中提出来的。此后，拉尼斯（G. Ranis）、费景汉（H. Fei）、托达罗（M. P. Todaro）等一批发展经济学家对刘易斯的理论模型进行了发展和完善。而新兴古典经济学家杨小凯等则从分工与交易效率的角度分析了城市化过程和城乡二元结构的关系。

3.1.1 发展经济学的城乡二元经济结构理论

（1）刘易斯等人的二元经济结构模型

20 世纪 50 年代至 60 年代出现了一系列有代表性的人口流动模型，虽然着重讨论的是劳动力在部门间的移动问题，并没有明确研究城市化，但是体现农业部门与工业部门地理差异性和经济差异性的载体却是农村和城市，因此实质上仍是研究城市化中的人口流动[80]。

1954 年刘易斯在《劳动无限供给条件下的经济发展》中提出了著名的二元经济结构下人口流动模型，被称之为"刘易斯模型"[80]。

在这篇论文中，刘易斯并没有使用"二元经济"这个术语，但是他提出，"维持生存部门（subsistence sector）"与"资本主义部门（capitalist sector）"并存是发展中国家普遍存在的现象。生存部门存在着大量低收入的劳动力，其边际产出为零甚至为负，因此供给具有完全弹性，资本部门只需支付维持生存所需的工资就可以获得生存部门无限供给的劳动力，这样生存部门劳动力源源不断地流向资本部门，直至生存部门的剩余劳动力完全吸收。值得指出的是，刘易斯模型中描述的是劳动力从"生存部门"流向"资本部门"的现象，但反映了劳动力从"农业部门"流向"工业部门"、从农村流向城市的主要特征，因此成了后人研究城乡二元经济的奠基之作。

1964 年，拉尼斯和费景汉修正了刘易斯模型中的假设，完善了剩余劳动力转移的二元经济结构思想，即所谓"费景汉—拉尼斯模型"[81,82]。此模型与刘易斯模型的不同之处在于，把农业部门自身的发展纳入了分析范畴，从而揭示了二元经济发展中劳动力配置的全过程。

在该模型（见图 3.1）中，他们把农村劳动力向城镇的转移和工农业的发展联系起来，并明确提出了劳动力转移的三个阶段：第一阶段，传统农业部门存在大量的剩余劳动力，农业部门劳动力的边际生产率为零，他们将获得不是由市场而是由道德和习惯等因素决定的不变制度工资，在剩余劳动力完全被转移之前将始终不变。第二阶段，农业中边际生产率大于零的劳动力转移出来，农业总产出将下降，加之工业部门劳动力对粮食的消费，从而使粮食出现短缺，因此这个阶段的起始点被称为"短缺点"。他们认为，农业部门的劳动力转移，首先应当是将劳动边际生产率为零的那部分劳动力先转移出来；而后才是将边际生产率大于零但小于平均收入部分的劳动力转移出来。通过这两个阶段，农业中"伪装的失业"才能得以消除。当农业中的伪装失业全部被转移后，劳动力的转移就进入第三阶段，这时工业部门和农业部门所面临的劳动供给曲线均为正斜率，这表示此时两部门的工资均由供求的市场法则来确定，农业已经资本主义化了，因此第三阶段的起始点（即 U 点）被称为"产业化点"。

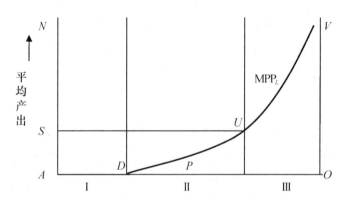

图 3.1　费景汉—拉尼斯劳动力转移模型

（2）托达罗的收入预期理论

刘易斯—费景汉—拉尼斯人口流动模型包含这样一个假定：城市中不存在失业，任何一个愿意到城市工作的人都可以在城市现代工业部门找到一份工作。在这一前提下，劳动力从农村流入城市的迁移决策仅仅取决于城乡实际收入差异。只要城市工业部门的工资水平高于农民一般收入水平一个适度比例，农业劳动者就愿意离开本土迁移到城市中去谋求新职业。然而，到 20 世纪 60 年代末 70 年代初，许多发展中国家人口流入城市的规模和速度远大于城市工业部门对劳动力的吸纳能力，出现了严重的失业现象，而同时又有大量的农民离开农村而进入城市。刘易斯—费景汉—拉尼斯模型无法解释这一现象，发展经济学家必须寻找新的理论模型。托达罗正是从发展中国家农村人口流入城市和城市失业同步增长的矛盾现象出发，创立了自己的人口流动模型。该模型于 1969 年提出并于 1970 年与 Harris 合作对模型进行了完善[83-85]。

托达罗模型的一个基本思想是，人口迁移过程是人们对城乡预期收入差异，而不是实际收入差异做出的反应。其基本结论可概括为：（1）促进人口迁移的主要原因是基于相对收益和成本的理性考虑，这种考虑主要是经济因素，但也包括心理因素。（2）迁移决策取决于预期的而不是现实的城乡工资差异。其中，预期差异是由实际的城乡工资差异和在城市部门成功地获得就业机会的概率这两个变量之间的相互作用决定的。（3）得到城市就业机会的概率与城市就业率成正比，而与城市失业率成反比，并且就业概率的大小能自动调整人们的迁移行为。（4）当城乡收入存在巨大差异时，就业概率对人们迁移决策行为的影响就会减弱，人口净迁移的速度会超过城市现代部门的就业创造率，因此城市失业率高是大部分发展中国家城乡之间经济比例严重失衡的不可避免的结果。

托达罗看到了现实生活中由于农村劳动力不断转移到城市，造成了许多经济、社会问题，特别是就业压力的增大，影响了社会的稳定。因此，他的人口流动模型的政策含义就是如何限制人口从农村流向城市的规模和速度，以解决日益严重的城市失业问题。为此，他提出了与以往人口流动理论不同的政策建议：一是取消一切人为的城乡实际收入差异政策和措施；二是积极发展农村经济，提高农业生产力，改善农村生活环境，缩小城乡差别，从而减少劳动力从农村到城市的迁移。三是通过增大劳动力流动成本，减少城市就业的预期收入等措施增加劳动力转移的阻力[86]。

（3）诺瑟姆的城市化发展 S 形曲线

20 世纪 70 年代，诺瑟姆（R. Northam）在大量研究世界各国城市发展的历史进程中发现，其发展的阶段性规律可以概括为一条稍被拉长的 S 形曲线（如图 3.2）。从经济史角度看，城市化过程与生物发展的过程类似，均要经历初期、中期和后期三个阶段，在图形上表现为 S 形曲线。不过，诺瑟姆并没有用数学模型加以描述。这里借用由马尔萨斯（Malthus）首先提出，继而由 Verhust、Hubbert 等[87]修正完善的增长模型对这条曲线进行数学刻画。

假设在城市化的初始阶段（$t = 0$）已经有 y_0 数量的人口生活在城市，则在时刻 t 有数量 $y = y(t)$ 的农村剩余劳动力转移到城市。由于农村向城市转移的只是剩余劳动力，不可能无限制地转移，必有一个上限。可设这个上限为 M，则尚待转移的农村剩余劳动力为 $M - y(t)$。根据修正的人口增长模型，可得如下微分方程：

$$\frac{\mathrm{d}y}{\mathrm{d}t} = \lambda y (M - y) \tag{3.1}$$

分离变量，可解此微分方程得：

$$y = \frac{M}{1 + Ce^{-\lambda Mt}} \tag{3.2}$$

观察此方程，实际上这是一条 Logistic 曲线，并且当 $t \to \infty$ 时，y 趋近于极大值 M。再由初始条件 $y\vert_{t=0} = y_0$，求得 $C = M/y_0 - 1$，代入式 3.2 进而得出：

$$y = \frac{M}{1 + \left(\dfrac{M}{y_0} - 1\right) e^{-\lambda Mt}} \tag{3.3}$$

很明显，此曲线有一个拐点，人口转移速度首先由慢到快，当达到一定阶段后又会向由快到慢转变。欲求拐点的位置，可对式 3.3

的微分方程做进一步处理。方法如下：

$$y' = \lambda y (M - y)$$

$$y'' = \lambda y' (M - y) - \lambda y y' = \lambda^2 y (M - y)(M - 2y) \qquad (3.4)$$

令 $y'' = 0$，并注意到 $0 < y < M$，则拐点应发生在 $y = M/2$ 处，即当人口转移量达到城市化水平的上限的一半时速度最快，然后转移速度开始变慢。如图 3.2 所示，当 $t < t_2$ 时，$y'' > 0$，y' 单调上升，y 以递增的速度递增；当 $t > t_2$ 时，$y'' < 0$，y' 单调下降，y 以递减的速度递增。因此，b 就是城市化的一个转折点。同理，a 和 c 也是城市化的一个转折点。

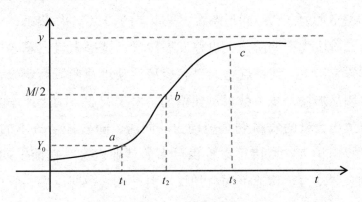

图 3.2　城市化发展诺瑟姆 S 曲线

在诺瑟姆提出城市化发展的 S 形曲线后，许多学者对城市化发展三个阶段的特点进行了比较深入的研究[82,88]。一般认为，城市化水平在 30% 以前为初期阶段；30% ~ 70% 为中期阶段，其中以 50% 为分界点又可细分为前中期和后中期；70% 以上为后期阶段。由于各个国家或地区城市化的起步早晚不同、农村剩余劳动力转移速度不同，城市化进程中转折点的具体到来时间也不完全一样。然而，无论城市化的转折点在什么时间发生，其每个阶段表现出来的农村剩余劳动力转移的速度和内在机制都将发生明显变化，体现出鲜明的阶段性特征。

在城市化发展第一阶段，即初期阶段，城市人口占总人口的比重在30%以下。其特点是过程相当长，城市数量少，规模小，发展速度慢，总体城市化水平低。农业中有大量剩余劳动力，劳动生产率很低，城市现代部门发展所需要的资本短缺，工资水平基本保持不变，所以农村剩余劳动力转移速度异常缓慢。从产业结构的变化看，农业部门依然占主导地位，第一产业就业比重在50%以上，第二、三产业就业比重分别在20%左右。从动力机制看，工业化是城市化的基本动力。从空间形态看，呈零星的"点"状结构。

第二阶段为中期阶段，也称发展阶段，城市人口占总人口的比重为30%～70%。其特点是人口和经济活动迅速向城市集聚，城市化水平明显加快，城市数量迅速增加。由于农业劳动生产率大为提高，释放出大量的农村剩余劳动力。同时，随着社会资本的增长，工业化规模扩大，城市可以提供更多的就业机会。在前中期时期，农业剩余劳动力转移速度明显加快。但进入后中期以后，农村剩余劳动力由无限供给状态逐渐变为有限剩余，转移速度也开始趋缓。从产业结构的变化看，农业部门已退居其次，城市经济全面崛起，第一产业就业比重持续下降，第二、三产业就业比重相继上升。从动力机制看，工业化仍是城市化的重要动力，第三产业对城市化的推动作用日渐显露。从空间形态看，呈紧凑的"面"状或"带"状结构。

第三阶段为后期阶段，也称成熟阶段。城市人口占总人口的比重为70%以上。其特点是城市人口比重的增长日趋缓慢甚至停滞不前，城乡差别近于消失，区域空间一体化，并出现郊区化和逆城市化；从产业结构的变化看，整个社会进入了后工业时代，服务经济化的特征和趋势明显，城市职能更加复杂和多样化；从动力机制看，第三产业已成为城市化发展的主要后续动力；从空间形态看，呈典型的"网"状结构。

(4) 钱纳里的"发展型式"理论

钱纳里（H. Chenery）与赛尔昆（M. Syrquin）两位经济学家通过对 101 个国家 1950—1970 年有关数据进行回归分析后得出了揭示部门产出结构与就业结构之间数量关系的劳动力配置模型。其主要目的是对伴随发展中国家经济增长的结构变化做出全面的描述并分析他们之间的相互关系。他们选择了世界银行经济和社会数据库中有关国家的 27 个变量，这些变量描述了积累、资源配置和收入分配的 10 个基本过程，这 10 个过程加在一起描述了一个穷国向富国进行全面结构转变的不同方面。

钱纳里等把发展型式定义为伴随收入或其他发展指数的提高，在经济或社会结构的任何重要方面所出现的系统变化。最根本的发展型式之一——农业向工业的转移——是由内部需求构成的变化、不断提高的技术和比较优势在国际上的转移所促成的。他同托达罗一样认为，决定人口迁移的因素更多的是预期收入而非现行工资，人口从农村向城市地区的迁移超过了劳动力需求的增长，影响这一过程的因素有预期的收入与就业、政府支出的分配、各种各样的社会因素以及生产结构的变化。

钱纳里等认为，城市人口的比重同就业部门的构成密切相关。当人均收入超过 500 美元时，典型情况是，城市人口在总人口中占主导地位；当人均收入超过 700 美元时，工业中雇佣的劳动力超过初级部门。然而，只有当收入水平超过 2000 美元时，这些过渡过程才告结束。从世界当时为止的经验来看,城市人口达到总人口75%时将趋于稳定[89]。

3.1.2　新兴古典经济学的城市化理论

发展经济学的城市化理论其实就是二元经济结构理论,发展中国家的经济具有二元性质,即城市现代工业部门与乡村传统农业部门并存的情况。城市化过程就是二元经济结构的转化过程,它通过剩余劳动力不断由生产率低下的传统农业部门向生产率较高的现代工业部门转移来实现。

与发展经济学注重工农业生产率差异对城市化的影响不同,新兴古典经济学从分工和交易效率的角度分析城市化进程。从古罗马的哲学家色诺芬(Xenophon)到英国17世纪的经济学家配第(W. Petty)早就认识到分工与城市出现的关系,但一直没能解释二者之间关系的全部均衡模型。最早能解释城市出现和城乡差别的全部均衡模型是1994年由杨小凯和赖斯(Yang and Rice)提出的新兴古典经济学模型[90]。

新兴古典经济学①认为,分工是推进城市形成的内在驱动力,而交易效率的提高是城市产生的前提。由于农业高度依赖于土地,使得农业活动占用大量土地而不得不分散居住,而工业既可以分散在广大地区,也可以集中在一小块地区。当交易效率不高时,所有的农产品和工业品都自给自足或者只有农业与一种工业品之间的分

---

　　① 以杨小凯等为代表的"新兴古典经济学(new classical economic)"不同于"新古典经济学(neoclassical economic)"之处在于,它关注的重心重新回到古典经济学所关注的"资源稀缺性程度如何被人类的经济活动所减少"的问题,而新古典经济学关注的重心是资源的配置问题,即在给定生产力和资源稀缺性条件下,研究各种产品的相对比例如何在市场上决定。

工，这时就不会产生城市和城乡差别。当交易效率足够高时，不同工业专业之间的分工变得有利可图，为了节省这些专业之间的交易费用，所有的工业都集中在城市，于是城市出现，城乡差别也出现了。对于城市的出现，必须发生的条件是：作为交易效率的一个函数的专业化程度，高到足以允许非土地密集型制造品的生产[91]。

在这个分工演化和城市发展的过程中，城市居民的专业化水平和交易效率比乡村居民高，从自给自足的经济向高度专业化的现代经济转变过程中，不平衡的分工结构就会出现，于是形成了所谓的城乡二元经济结构。这种结构是经济发展过程中必然经历的中间状态。但只要城乡迁移自由，随着交易效率的提高，分工不断发展，当社会最终接近完全分工状态时，二元结构就会消失。这时，城乡之间不但商品化和生产率趋于均等，而且人均真实收入也会趋于均等。

3.1.3 理论简评

关于城乡关系的理论研究其实在古典经济学中就有所涉及。重农学派的代表人物魁奈（F. Quesnay）就高度强调了农业的重要性，并明确主张城乡协调发展的"自然秩序"[92]。斯密（A. Smith）在其著名的《国民财富的性质和原因的研究》（《国富论》）中专门用了一章来讨论"都市商业对农村改良的贡献"，认为城市的发展在原材料市场、土地改造资金以及法制、秩序、安全等方面促进了农村的发展[93]。李嘉图（D. Ricardo）认为农业的发展依赖于城市资本的投入，并分析了农村与城市在土地—资本市场上的互动[94]。杜能（J. Thunen）以严格的理论形式研究了城乡交换关系，构想了一个"孤立国"，着重阐述了孤立国中的城乡经济布局。显然，在古典经济学中，农村和城市各自的作用和城乡关系得到了不同程度的强调[85]。

人口从乡村流向城市是城市化最本质的内涵，因而也是研究城市化问题的主线。20 世纪 50 年代至 60 年代发展经济学家们一系列有代表性的人口流动模型都无一例外地抽象掉了原本具有独立表征的城市化现象，着重讨论劳动力在部门间的转移问题。但即使如此，体现农业部门与工业部门地理差异性和经济差异性的载体，却是农村与城市。因此，早期的人口流动模型，虽然并没有明确地研究城市化，但实质上却仍是研究城市化中的人口流动。在他们眼中，人口流动是因为城乡不同部门的生产效率有差异，城市中的"现代部门"的生产效率比农村中的"传统部门"要高，至于生产效率背后的内在机理则不在他们的视野之中。而新兴古典经济学恢复了古典经济学重视劳动分工的传统，强调了分工和专业化在城市化发展和经济结构转化中的作用，从微观的角度解释了城市化的内在机理。这两种思维路向从不同角度呈示了城市化这一近现代社会的重要过程，深化了人们对这一现象的认识。

无论发展经济学家还是新兴古典经济学家都是从单一市场经济的进路来建构他们的城市化与二元经济结构理论。对于从计划经济向市场经济转型中的中国而言，城市化发展不单是二元经济结构的转化过程，还面临着计划经济时期形成的城乡二元社会结构的制约，因此这一过程显得更为复杂。所谓"城乡二元社会结构"，有时又被称为"城乡二元体制"，是新中国成立之后，为了工业化的优先发展，人为地固化乃至强化城乡隔绝的一系列政策和制度安排。早在20 世纪 80 年代就有人研究城乡二元结构和城乡二元体制。刘纯彬较早提出了"城乡二元社会结构"的概念，认为"中国二元结构的本质特征，不是一般发展中国家通常具有的那种二元经济结构的特征，或者仅仅是更典型一些。中国二元结构的要害是在形成二元经济结构的同时，形成了举世无双的二元社会结构，在运行中这两种结构越来越紧密地凝结为一体"；中国的二元社会结构由户籍制度、住宅制度、粮食供给制度等11种具体制度构成[95]。厉以宁明确区分了二者的关系，指出城乡二元结构自古就有，而城乡二元体制是20世纪50年代后期起才建立的。由于计划经济体制的确立，户籍分为城市户籍和农村户籍，城乡二元体制形成了，城乡也就被割裂开来了[96,97]。因此，不联系中国的政治体制和基本经济制度，单纯的自由市场经济结构理论无法解释中国的现实，尤其是在计划经济时代，这种分析范式基本不适合。但市场化改革以来，这些理论逐步与中国的现实对接，经过适当的修正，仍有相当的解释力。如周天勇对托达罗模型的修正[98]，李晓春、马轶群从城市劳动力户籍歧视出发建立的三部门模型等[99]。

3.2　中国的城市化进程及其特点

新中国成立以来，我国的城市化先后经过了起步、波动、停滞、快速发展等时期，伴随着二元经济和社会结构的形成和逐步解构，目前进入城市化的新的转折点。

3.2.1　基本进程①

（1）从新中国成立到改革开放前，城市化在缓慢中发展

改革开放以前，中国的城市化非常缓慢，个别时期甚至出现"逆城市化"现象。在 1950 至 1980 年的 30 年间，中国大陆城市化水平仅由 11.2% 上升到 19.4%，而同期世界城市化水平由 28.4% 上升到 41.3%，其中发展中国家由 16.2% 上升到 30.5%[100]。而这 30 年新增的城市人口中，因迁移和市镇区划变动增长的人口约 6300 多万人，平均每年增长 210 万人，仅占同期城镇新增人口总数的 48.58%[100]。其中 20 世纪 50 年代的城镇人口增长主要来自人口迁移，而 60 至 70 年代的城镇人口增长，则主要来自城镇人口的自然增长，与城市化没有多大关系。从发展进程来看，这个时期的城市化大致经过了三个阶段。

①1949—1957 年，城市化的起步阶段。1949 年，新中国刚成立时，全国仅有城市 132 个，城市市区人口 3 949 万人，城市市区人口占全国总人口比重的 7.3%。由于中共中央把党的工作重心由农村转向了城市，"一五"计划制定并顺利实现，多项重大城市工业发展项目确立，以及推行城市对农村开放的政策，积极吸收农民进入城市和工厂矿区就业，从而出现了一批新的工矿城市，推动了我国的城镇化进程。到 1957 年末，我国城市发展到 176 个，比 1949 年增长了 33.3%；城市市区人口占全国人口的比重提高到 10.9%，比 1949 年增加了 3.3 个百分点。

②1958—1965 年，城市化波动较大阶段。第二个五年计划时期，

---

① 除文中另有注明外，本节内容涉及数据均摘自《新中国 60 年统计资料汇编》、相关各年《中国统计年鉴》《中国城市统计年鉴》、国家统计局统计公报。

城市的发展同国民经济的巨大波动一样，也呈现由扩大到紧缩的变化，出现了超高速城市化和逆城市化这两种截然相反的现象。伴随1958年开始的"大跃进"运动，我国城市数量由1957年176个增加到1961年的208个，增长了18.2%；城市人口由7 077万人增加到10 132万人，增长了43.2%；城市市区人口占全国总人口的比重由10.9%提高到15.4%。但是1962年开始的国民经济调整时期，又被迫撤销了一大批城市。到1965年，全国拥有城市168个，与1961年相比，减少了40个，下降了19.2%。城市市区人口由1961年的10 132万人下降到8 858万人，下降了12.6%；城市市区人口的比重由15.4%下降到12.2%。

③1966—1978年，城市化发展停滞阶段。1966年开始的文化大革命，使得我国国民经济长期徘徊不前，政治上大批城市官员、职工和知识青年上山下乡，加之国际局势日益恶化，大批人力和物力撤离城市，转向了偏远山区投入到"三线建设"，相应的城市发展也十分缓慢，城市化进程受阻。1966年到1978年12年间，全国仅增加城市26个，平均每年只增加2个，城市化率维持在17.9%左右，一些年份甚至有所倒退。

总体而言，改革以前在优先快速发展工业战略和严格的城乡隔离户籍制度和就业制度条件下，城市化远落后于工业化。市场经济条件下的二元经济结构理论并不适合改革前的中国，人口的流动并没有按照工业化的一般规律随着产业结构的变动而变动，而是国家行政调控的结果。

（2）改革开放以来，城市化快速稳步推进

改革开放以来，我国城市化突破长期徘徊停滞局面，进入了快速、稳步推进时期。这个时期的城市化大致经过了四个阶段。

①1978—1984 年，以农村经济体制改革为主要动力推动城市化阶段。这个阶段的城市化带有恢复性质，"先进城后建城"的特征比较明显，其原因是多方面的。第一，大约有 2 000 万上山下乡的知识青年和下放干部返城，高考的全面恢复和迅速发展也使得一批农村学生进入城市；第二，城乡集市贸易的开放和迅速发展，使得大量农民进入城市和小城镇，出现大量城镇暂住人口；第三，一些地方的乡镇企业开始起步，也带动了小城镇的发展；第四，为了还过去城市建设的欠账，国家加大了城市维护和建设费的征收和投入。这个阶段，就城乡人口比例来看，城市化率由 1978 年的 17.9% 提高到 1984 年的 23.0%，年均提高 0.85 个百分点。

②1985—1991 年，乡镇企业和城市改革双重推动城市化阶段。这个阶段以发展新城镇为主，沿海地区出现了大量新兴的小城镇。以乡镇企业为动力的小城镇，打破了"农村—农民、城市—市民"的格局，将农村经济和社会发展推向一个崭新阶段。到 1991 年，小城镇由 1978 年的 2 173 个增加到 1.82 万个，有 100 多万个乡镇企业聚集在各类工业小区和小城镇里。

③1992—2003 年，以城市建设、小城镇发展和普遍建立经济开发区为主要动力全面推进城市化阶段。1992 年到 1998 年，城市化率由 27.5% 提高到 33.4%，年均提高 0.98 个百分点。而 1999 年到 2003 年，我国的城市化率年均提高 1 个多百分点，2003 年城镇人口比重达到 40.5%。

④2004 年以来，城市化继续全面推进，城乡关系进入新的历史转折点。2004 年 10 月胡锦涛在党的十六届四中全会提出"工业反哺农业，城市支持农村"的工农关系、城乡关系的新认识，政府对城乡关系做出了具有历史性转折的重大调整。2005 年底，十届全国

人大常委会第十九次会议做出了废止农业税条例的决定，在我国延续了2600多年的农业税从此退出了历史舞台。

总体来看，改革开放以来中国的城市化程度逐年提高，城市化速度明显加快。截至2009年底，全国共有城市654个，其中直辖市4个、副省级市15个、地级市268个、县级市367个。城市化率从1978年的17.92%增加到2009年的46.59%，平均每年增加0.92个百分点，而从新中国成立到1978年平均每年大约只增加0.24个百分点。根据2010年第六次人口普查的数据，截至2010年11月1日，全国城市人口6.66亿人，城市化率达49.68%。就是说，约一半的人口已经生活在城市里，城市化发展已经进入一个新阶段，这对中国的公共政策特别是基本公共服务政策提出了新课题。

3.2.2 新的转折点

根据上文所述的诺瑟姆城市化发展S形曲线，城市化过程分前、中、后期三个阶段，其中第二阶段又分为前中期和后中期两个小阶段。在前中期和后中期相接之处有一个转折点，这个转折点在几何上表现为一个拐点，它在城市化发展阶段上有着特殊的意义，因为进入这一点之后，意味着农村剩余劳动力从"无限供给"转为"有限剩余"，对于一个国家的公共政策的调整有着新的含义。因为刘易斯最初对二元经济结构转换过程进行了较系统的理论阐述，因此这一转折点也叫刘易斯转折点（或刘易斯拐点）。

长期以来，中国经济结构是一个具有劳动力无限供给特征的二元结构。改革开放40多年里，我国农村非农产业飞速发展，城市经济高速增长，吸收了大量的农村剩余劳动力。经济增长对农村劳动力的吸纳，正在逐步地改变着这个特有的二元经济结构，进而深刻地影响着我国城市化进程。我国的城市化率由 1978 年的 17.92% 提高到 2009 年的 46.59%（见图 3.3）。根据《2010 年第六次全国人口普查主要数据公报》，中国城镇人口达 49.68%，同 2000 年第五次全国人口普查相比，城镇人口增加 2.07 亿人，乡村人口减少 1.3 亿人，城镇人口比重上升 13.46 个百分点。按照国际经验值，城镇人口达 50% 左右，意味着刘易斯转折点已经到来。当然，这只是经验值，而且各国城市人口的统计口径也不完全一样。中国的实际情况又如何呢？冯云廷按照饶会林提供的计算公式推算，中国城市化转折点的时间大约在 2009—2010 年[88,101]。根据第六次全国人口普查的结果，这个时间点与国际经验值完全吻合。冯云廷甚至认为，刘易斯转折点实际上已经提前到达，其理论依据有 3 个：一是城市化速度呈现边际递减趋势。1996—2003 年平均每年增长 1.43～1.44 个百分点，而 2004—2007 年城市化水平增长率由 1.23% 下降到 0.9%①。二是新增农民工和劳动年龄人口减少。2000 年流动人口 1.44 亿人（其中大多数是进城务工农民工），比 1995 年增加近 1 亿人；而 2005 年流动人口 1.47 亿人，比 2000 年仅增加 300 万人左右。随着人口总量增速减缓，新增劳动年龄人口也会减少，市场推动的城市化动力大为减弱。三是人口转移的机会成本增加部分抵消了收入预期。国家扶持"三农"政策和农业税的取消，使得农村剩余劳动力流动的机会成本增加了。

这个判断与我们观察到的事实基本吻合。从 2004 年开始，我国

---

① 作者论文发表时间为 2010 年 2 月，按照最近两年的《中国统计年鉴》数据，2008 至 2009 年分别比上年增加 0.74 和 0.91 个百分点。2010 年第六次人口普查的城市化率因统计方法不同，与以前年度的数据没有可比性。按照惯例，人口普查数据出来之后，国家将对以前年度的人口数据进行调整。

城市化率

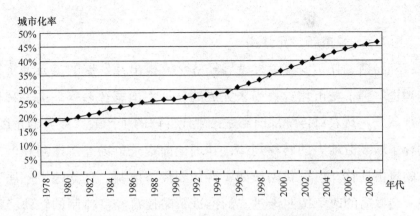

图 3.3　1978 年以来中国的城市化水平发展趋势

东南沿海一些热点城市相继发生了较为严重的用工短缺现象，这种现象被媒体称为"民工荒"。"民工荒"现象从产生到现在，不但没有得到缓解，反而从沿海蔓延到内陆，从东北扩展到中部乃至全国，用工短缺将成为长期现象。因此，无论是人口统计数据，还是企业用工的经验事实，都证明了中国的城市化已经进入了新的转折点。

城市化新转折点的到来，意味着我国改革 40 多年来经济发展的"农民工红利"已经结束，统筹城乡发展的任务将更加艰巨。我国长期以来劳动力市场是个"二元性"的市场，在正规部门和非正规部门就业的人员不但工资待遇相差悬殊，而且享受的福利和基本公共服务更是截然不同。如何破解城市劳动力的制度性分割，建立起更具有弹性的城乡统一的劳动力市场，是城市化发展现阶段面临的一个重要课题。原有的基本公共服务二元保障体制越来越不适应城市化进入新阶段后的发展需要，打破原有体制，建立新型城乡统一的基本公共服务保障体制势在必行。

3.2.3 城市新二元结构

刘易斯、托达罗等一批发展经济学家提出并发展的二元经济结构理论解释了城市化过程尚未完成的发展中国家普遍存在的一种经济现象，它从农村传统部门和城市现代部门的生产效率差异的角度，阐释了城乡劳动力的转移规律，其理论前提是市场经济体制和劳动力的自由迁移。但是我国长期实行计划经济体制，且党的十一届三中全会以后的改革按照渐进式的推进策略使得经济体制的转轨经过了较长的过渡期，这个特殊的国情决定了中国的城市化进程中呈现出不同于发展经济学家们所描述的新二元结构特征。

这种特殊性表现在，我国的城乡二元结构不仅存在一般发展中国家因工农业生产效率差异和农村剩余劳动力的存在而形成的二元经济结构，而且还存在由于城乡社会管理体制的不同而形成的二元社会结构。改革开放前（除新中国成立初的国民经济恢复期外），我国的城市化基本上处于单一公有制所有制和计划经济体制的环境中，与市场经济条件下由工业化推动的劳动力从传统农业转移到现代工业的城市化过程完全不同。由于当时快速优先发展的重工业投资大、周期长，吸收农业劳动力的能力非常有限，为了保证城市人口生活必需品的供给，国家实施了严格控制城市人口增长的政策。1961 至 1962 年大规模削减城市人口以后，继续动员城市青年下乡务农。到"文革"时期，更是采取强制的办法，将在城市无法就业的 1 700 多万中学毕业生送到农村就业[12]。在 1953 到 1978 年的 25 年间，国家通过严格的户籍管理、农副产品统购统销和单一公有制下的计划招工，大大限制了农村人口向城市转移的速度，甚至一度出现了城市人口向农村倒流的"逆城市化"现象。这种城市化的结果是形成了城乡之间相互隔离和相互封闭的"二元社会":政府对城市和市民实行"统包",对农村和农民则实行"统制",即由户籍制度、住宅制度、主副食品供给制度、教育制度、医疗制度、就业制度、养老制度、劳动保险制度等具体制度所造成的城乡之间的巨大差异。这种由社会制度差异构成的二元结构,被一些学者称之为"行政主导的二元结构"[102]。

改革开放后,家庭承包责任制的实行和市场经济体制的逐步确立,行政主导的城乡二元结构开始弱化,市场主导的城市化机制逐步形成。以家庭承包责任制为特征的农村经济体制改革,虽然主要生产资料如土地等仍归集体所有,但家庭私有的生产资料逐渐增多,农村生产资料的私有化和多种经济成分并存的发展格局逐步形成,而这种所有制结构又要求并推动了商品经济的发展。农村改革的成功刺激了城市的市场化改革,市场机制在越来越大的领域发挥作用。中国的城市化终于开始松动和放开,过去那种控制城市人口增长和城乡分隔的政策被鼓励小城镇发展的政策所取代,市场主导的城市化正在形成。但是中国市场化主导的城市化形成时期正是世界科技迅猛发展和全球化日益加深的时期,社会生活从必需品时代向耐用消费品时代转型。进入耐用消费品时代后,用来购买农产品和以农产品为原料的工业品的开销,在整个收入当中所占的比例已经越来越小。其结果是,城市越来越依靠国际市场,对农村的依赖越来越小,在城乡二元社会结构已经弱化但仍然顽固存在的同时,经济上的二元结构问题更加复杂化。

与此同时,随着市场化进程的推进和20世纪90年代中期分税制财政体制的推行,企业与政府的关系发生了根本变化。企业独立经营的主体性增强,但同时也失去了政府保护,被纳入适者生存的市场竞争之中。一些企业被迫破产倒闭，而一些企业则通过较少的一次性支付补偿强行让大量职工下岗，强行让原来单位体制的职工身份制转为契约制，由此形成了城市中一大批弱势群体。而从 20 世纪 90 年代后期开始，以工业化为主要动力的经济增长转变为以城市化为主要动力的经济增长，社会财富的分配模式也发生了根本性的变化。改革初期"各方共赢"的社会财富分配机制趋于逐步被打破，权力和市场结合而形成的分配机制成为主导，地区间和地区内的收入差距都迅速扩大，在改革中利益受损的又一批弱势群体开始出现并日益增多。

这样，旧的社会管理体制遗留的在财产（农村土地集体所有制）、户籍、住房、就业、社会保障等方面制度性差异所形成的城乡二元结构与新的市场机制形成的二元结构叠加在一起，就在城市内部形成了新的二元结构，即以农民工为主体的"外来人口"和城市户籍居民所形成的二元结构。这种城市新二元结构集中表现为劳动力市场中的正规部门和非正规部门就业人员的差异[102,103]。二元劳动力市场理论认为，现实的劳动力市场不是一个统一的整体，它是由两个性质截然不同的子市场构成，即人力资本可以得到正当评价的主要部门（primary sector）和得不到正当评价的次要部门（secondary sector）。前者主要由一些大企业、政府机关、教育研究机构等正规部门组成的城市初级劳动力市场，其基本特征是工资水平高、工作环境好、上升机会多；与之相反，后者主要是由非正规的中小企业构成的次级劳动力市场，工资低、环境差、没有上升空间是其主要特征[104-107]。我国市场化改革和大批国有企业改制之后，城市劳动力市场的二元结构非常明显。一方面，机关、事业单位及大型企业等正规部门的员工不但工资水平高，而且享受较高的社会福利和保障；

另一方面，非公有制中小型企业员工、灵活就业人员以及正规部门的非正式员工，工资、福利和社会保障水平与正规部门的正式员工相比存在非常大的差距。在非正规部门就业的人员主要包括两大群体：一是农民工，他们获得较低的劳动收入，难以享受到正式市民的基本公共服务待遇，也不承担城市生活费用；二是从国有企业下岗后的失业人员、灵活就业人员以及未找到正式工作的大中专毕业生等，他们获得极不稳定的收入，但却承担着城市的生活费用。由于两个劳动力市场的劳动力价格差距巨大，使得在次级劳动力市场获得收入的劳动人员无法承担城市的生活费用和生活代价。

3.3　城市化引致的基本公共服务供需矛盾

中国从计划经济向市场经济转型的过程中伴随着快速城市化，在城市内部形成了新的二元结构，基本公共服务供给严重不足。一方面，计划经济向市场经济转型，原有的基本公共服务保障体制被打破，农村居民由"集体人"变"个体人"，城市居民由"单位人"变"社会人"，"集体"和"单位"不再承担基本公共服务保障功能，而新的社会化的基本公共服务保障体系却还没有建立健全。另一方面，高速发展的工业化和城市化，大量农业人口涌入城市和城市企业改革本身分离出大量的原体制内职工，衍生出大量新的基本公共服务需求，给地方政府带来了巨大财政压力。基本公共服务不但供给不足，而且还存在地区之间、城乡之间和城乡内部各群体之间的供给不均。

3.3.1　公共服务总体需求增加

与城市化相伴随的是地区经济的发展、生活质量的改善和文明程度的提高，这将引起人们对公共物品的需求迅速增加。从公共物品自身的需求特性来看，一般在城市化发展初期，城市居民对就业、食品、住房等物质方面的需求明显增加。随着城市化进程的不断加快，居民的需求层次也相应地提高，公共物品的需求重点逐步转移到教育、社会保障、医疗服务、公共安全、环境保护等上。由于公共物品的需求一般是富有弹性的（需求收入弹性大于1），因此，在城市化背景下，随着社会的进步和人们收入的增加，人们对原先条件下需求不多的公共物品的需求数量和质量将会大大增加。

20世纪80年代瓦格纳（A. Wagner）研究了公共支出的时间变化趋势后，提出了"公共支出增长法则"，认为现代工业社会的发展，将会导致对"社会进步政治压力"的增大和工业经营方面的"社会考虑"而需要增加津贴，因此可以预料公共需求将持续膨胀[82]。马斯格雷夫（P. Musgrave）认为，相对于较为自给自足的农业经济单位，城市化进程和由此所导致的拥挤现象提高了对基础设施和公共劳务的需求。可见，随着收入的提高，人们所需产品的构成发生了变化。他还发现，美国的公共支出占GNP（国民生产总值）的比重从1890年的6%上升到1990年的35%，公共部门支出的相对规模增长近6倍，1890—1990年美国的公共支出弹性是大于1的，这从一个较长时期的客观事实证实了瓦格纳法则的存在[108]。

钱纳里用结构转换模型估计了1950—1970年101个国家不同发展水平的经济结构的正常变化[82,89]。模型估计结果显示，随着人均GNP的提高，政府收入占GDP（国内生产总值）的比重与工业产出占 GDP 的比重以及城市化率的变动趋势具有一致性①，即工业化水平越高，城市化水平越高，政府收入也越高，这是因为工业部门对税收的贡献一般比农业部门高。政府收入占 GDP 的比重，从人均GNP100 美元以下的 12.5% 提高到人均 GNP1 000 美元的 28.7%。随着人均 GNP 的提高，教育支出占 GDP 的比重也在不断增加，从人均GNP100 美元以下的 2.6% 提高到 1 000 美元的 4.3%。以美国为例，自 1929 年起，美国全部政府支出占国内生产总值的比例已由 10% 左右急剧增至 32%。与其他工业化国家相比，美国的政府支出占国内生产总值的比例相对较低。比利时、英国、加拿大、法国、意大利和德国的政府支出占国内生产总值的比例均超过 40%。

　　另外，城市化导致的人口规模扩大，也会使城市居民对社会公共产品需求的增加。当城市化导致一个地区人口规模迅速扩大的情况下，该地区居民辖区内公共产品在消费上出现拥挤，原有公共产品的人均消费数量和质量就会下降，进而感到公共产品供给不足，于是对这种公共产品的需求就会增加[109]。

3.3.2　收入分配恶化引致基本公共服务需求增加

　　在发展中国家结构转换过程中，特别是在工业化与城市化的初期和中期，一般伴随着收入分配的恶化，这就导致对教育、就业、社会保障等基本公共服务需求的增加，特别是在对弱势群体的关怀和保障方面。另外，一些国家在向城市化转型的过程中，往往由于制度的缺位、生产协作方式以及观念的转变不到位，使得在转型的初期工业生产恶性扩张、不注重资源的持续利用，从而造成阶层分

---

　　① 原文中衡量经济发展水平用的是人均"GNP"指标，而衡量政府收入水平却是与"GDP"指标相比较。

化、社会贫富差距加大[110-112]。库兹涅茨（S. Kuznets）、缪尔达尔（G. Myrdal）提出了发展过程中收入分配变化的原因和性质的假说[113-115]。他们指出，工业化和城市化导致发展中国家收入分配恶化，因为在初期阶段，增长主要集中于现代化部门。库兹涅茨通过分析农业和非农业活动要素生产率的差别发现，工业和服务业收入不仅水平更高而且分配更不平等。韦斯科夫（T. E. Weiskopf）探寻了在波多黎各、阿根廷和墨西哥等国家这些因素的相互作用关系，最后证实了库兹涅茨的假说[116]。钱纳里也证实了在初期的结构转换阶段，收入分配趋于恶化的结论。而收入分配的恶化，特别是贫困阶层状况的恶化，需要政府提供面向特定群体的公共产品和服务，如弱势群体的关怀与保障等。

城市化不仅导致城市的公共服务需求的增加，相应地也会导致农村公共服务需求的增加。工业化、城市化发展进入中期阶段以后，随着产业结构的转换与升级，工业和城市部门对劳动力的素质要求提高，进一步引致农村教育与农村卫生的公共服务需求。同时工业化、城市化的迅速推进，带来收入分配差距的迅速扩大，要求建立健全农村社会保障体系的压力也会增加。

3.3.3　公共投资的挤出效应导致基本公共服务供需缺口加大

城市化过程是劳动力从低效率的传统农业部门向高效率的现代工业和服务业转移的过程，因此城市化过程也是城市人口规模、空间规模和工业化规模扩大的过程。每一方面都对政府的公共投资构成很大压力，从而挤压了基本公共服务的供给空间，加大了基本公共服务供需缺口。

首先，在城市化导致城市人口规模迅速扩大的情况下，人均拥有道路面积、城市绿地会减少，交通压力会增大，公园会变得更加拥挤，社会治安会更加复杂。这必然要求相应的城市公共物品供给范围和数量增加，要求政府增加对公共物品供给的投入。

其次，城市空间扩张也会挤占政府的公共投资。在城市化由从发展初期到"过度城市化"再到"逆城市化"的过程中，要求城市空间规模不断扩展，即城市外延扩张。而城市的空间扩展是以城市土地不断由其他用途转变为城市建设用途为基础的，这些都需要大量的城市公共设施与之配套。同时农业用地转化为城市建设用地也产生了更多的失地农民，政府必须为他们提供社会保障及其他配套基本公共服务。

最后，城市化以工业化为动力，工业化需要借助城市的集聚效应、扩散效应及综合配套能力，这有赖于城市在公共交通、投资环境等地方性公共物品方面提供支持和保障。人口的大量集中和工业化高度发展达到一定程度后，城市会容易出现"城市病"现象，表现为交通状况、空气质量和生态环境等急剧恶化。在财政能力有限的情况下，硬件投资的强大压力往往让政府在相对"软"的基本公共服务上让步。

第 4 章

城市化进程中的财政分权、地方政府行为
与发展失衡

4.1 财政分权理论：对地方政府行为的政治经济学解释

财政分权理论是政府间财政关系的基本理论。分权体制在很大程度上影响着政府的行为模式，进而影响一国的经济发展和公共服务模式，因而对地方政府行为模式进行分析成为政治经济学的一个重要主题。

4.1.1 财政分权理论及其发展

财政分权理论是随着市场分析中对政府内部结构和行为过程认识的不断加深而发展的。在以企业、居民和政府为主体的三部门市场模型中，政府作为公共物品的提供主体是一个不可分割的整体，并没有考虑到一个国家可以有多级政府。然而，现实中除极少数国家外，大都存在多级政府，即中央政府及一级或多级地方政府。地方政府的存在意味着政府内部会出现竞争机制，这种竞争机制与某种形式的居民或资本流动相联系，使得地方政府的收支行为转变为

内生变量，从而对公共物品的供给产生影响。财政分权理论正是针对多级政府条件下地方政府行为分析的专门理论。一般认为，财政分权理论的兴起是以蒂布特（C. Tiebout）在 1956 年发表的《地方支出的纯理论》为标志，经由马斯格雷夫（R. A. Musgrave）、奥茨（W. Oates）等学者的补充和发展，形成了较为完整的传统财政联邦主义或第一代财政分权理论（First Generation Fiscal Federalism, FG-FF）。因上述三人的贡献，亦被称作 TOM 模型[117]。

第一代财政分权理论以新古典经济学的规范理论为分析框架，考察了财政职能如何在不同级次的政府间进行合理配置和协调配合。马斯格雷夫将财政职能划分为资源配置、收入分配和经济稳定三项职能，成为现代财政学关于财政职能的经典表述[108]。在传统财政分权理论框架下，一般认为财政职能在不同级次政府之间应该这样分工：宏观经济稳定职能归中央政府；收入分配职能也主要归中央政府，但地方政府应承担一定的补充责任；而资源配置职能应主要由地方政府承担。因此，大量公共产品的供给及其相应的财政来源需要在中央和地方之间进行分工。

资源配置职能在中央与地方之间的分工及协调配合问题是财政分权理论讨论的重点。地方政府拥有的信息和竞争优势被认为是支持财政分权的两大经济理由：地方政府与当地居民更接近，更有条件了解当地的实际情况和居民的偏好信息，相比中央政府能够做出更符合效率要求的地方性公共产品决策；居民的流动性和辖区间的相互竞争使得居民有可能选择自己最偏好的地方性公共产品与税收组合，从而最优地提供地方性公共产品[118]。

蒂布特从公共物品偏好显示的角度论证了财政分权能够提高社会福利水平。通过引入居民完全自由流动等一系列假设条件，提出了一个地方性公共产品的优化配置模型。由于辖区间居民是自由流动的，他们会选择居住在能使自己的税收—公共产品组合效用最大化的地方政府辖区内，否则就会迁移到别的辖区，这就迫使地方政府之间进行财政竞争，最终使得地方政府能与市场自由竞争机制一样实现资源的帕累托最优配置，从而达到社会福利的最大化，这就是所谓的"以脚投票"理论[5]。

奥茨进一步阐述了地区偏好的异质性在分权决策中的重要意义。他提出，分权供给公共物品的最优边界在于差异化供给所带来的边际收益与所伴随的边际成本相等之处，这就是其著名的"分权定理"。这个定理建立在中央政府提供统一公共产品的假设之上，似乎令人难以信服。对此，奥茨在其后续研究中提出了两点理由证明这个假设仍然是可接受的。一是信息的不对称性。诚然，在完全信息条件下，中央政府也可以提供满足个性化需求的公共产品，但在如此众多的辖区面前，这是不可能做到的，而地方政府可以更容易了解本地居民的偏好和实际情况。二是政治上的限制因素。迫于政治上的压力，中央政府很难根据各地的实际情况提供不同水平的公共产品[119,120]。

在收入分配职能上，传统财政分权理论主张中央政府应该而且能够比地方政府发挥更大的作用。他们从不同的角度论证了中央行使收入分配职能的优越性。最突出的问题是，收入分配上的分权会导致居民流动的逆向选择。如果地方政府采取结果公平的收入分配和再分配政策，穷人就会流向该地区，而富人就会迁出该地区，这是地方政府不愿看到的结果，因此让地方政府承担收入分配职能是不合适的。不仅如此，由地方政府进行收入分配还会削弱地方政府的收入能力。类似地，怀尔德森（D. E. Wildasin）指出，分权化的收入分配会导致外部性，如果由次级政府实施收入分配政策，那么富人将迁到税率较低的地区，从而使原来地区的收入分配由于政府的收入能力难以持续而提供不足[121]。

第一代财政分权理论虽然把政府从一个整体分开成中央和地方的多级次政府，但仍然把政府过程视为一个"黑箱"。只要投入所需的资源，"仁慈"的政府就会自动有效率地提供符合公众需要的公共产品和服务。这个假设受到以委托-代理理论和公共选择理论为工具的第二代财政分权理论（Second Generation Fiscal Federalism，SGFF）的批评。以钱颖一和罗兰（Qian and Roland）、温格斯特（B. R. Weingast）、怀尔德森（D. E. Wildasin）等 20 世纪 90 年代以来所发表的论文为代表，他们在财政分权问题上更关注的是如何设计出一套激励相容机制以实现对公共政策制定者的激励。

与 FGFF 相比，SGFF 将讨论的重心从中央与地方政府的财政职能分工和公共物品供给责任转向地方政府的行为模式上。论述 SGFF 的文献范围非常广泛，不但包括多个经济学领域，也包括政治学学者的文献。概括起来，主要包括两个方面：一是关注政治过程和政治代理行为的公共选择和政治经济学文献。FGFF 假设政府官员寻求共同利益，SGFF 则认为政治过程的参与者（包括官员和选民）都有自己的目标函数，他们在特定的政治环境限制下最大化自己的利益。这些文献大都对政治制度中体现出的激励机制进行模型化。二是关注信息不对称问题。集体选择的结果在很大程度上依赖于政治过程中的信息。与完全信息条件相比，各方参与人在偏好、成本函数、努力程度等方面的信息不对称条件下的最优过程和制度设计有很大不同。因此，SGFF 大量地将产业组织理论和微观经济学解决信息问题的方法引入其理论中。Oates[117] 和 Weingast[122] 等对财政分权文献进行了很好的综合归并。

两代财政分权理论文献虽各有侧重，但 SGFF 并没有否定 FGFF，而是对其深化与发展。FGFF 设定政府追求本地社会福利最大化，而 SGFF 以政府最大化自身利益为出发点，两者看似矛盾，实则为考察视角的不同。正是研究方法和视角的变化，才把公共经济学引入了一个更精彩的领域。

4.1.2 财政分权理论对中国发展失衡的解释

这里重点关注第二代财政分权理论对中国经验的解释。第二代财政分权理论从政府及其官员面临的激励角度阐释了地方促进经济增长的动力及带来的负面影响。其对中国经验的研究主要沿着两种思路展开：一种是市场维护型联邦主义的思路，其目的是试图从正面的角度解开中国经济长期高速增长"奇迹"后面的谜团；另一种是所谓地方官员"晋升锦标赛"的思路，其目的是揭示中国经济高速增长背后地方政府恶性竞争所产生的负面后果。前者强调了地方政府的经济利益与中国式财政分权体制的激励相容性，从而促进了地方政府发展经济的主动性；后者则强调了财政分权与政治集权相结合的中国式分权对地方政府官员政治利益激励的重要作用，并认为以 GDP 为主的政绩考核机制是造成地方政府片面追求经济增长、造成基本公共服务"瘸腿"的主要原因。

（1）市场维护型联邦主义对中国经济高速增长的解释

以 Tibout 模型为代表的第一代财政分权理论具有严格的前提假设，只有在市场经济机制和民主政治机制比较成熟的经济体才有一定的解释力，而对新兴和转型经济体显得解释力不足。20 世纪 90 年代以来，学者们发现，分权理论不仅可以解释公共物品的供给机制，还可以用来解释经济增长和经济转型，由此诱发了以解释中俄等转型经济体的经济绩效为主要研究对象的第二代财政分权理论的兴起，尤其是中国的经济增长"奇迹"吸引了越来越多学者的关注。第二代财政分权理论按其关注的重点的不同，分别沿着两种思路推进。一种是所谓"市场维护型联邦主义（market-preserving federalism）"，强调分权为地方政府提供了经济激励去推动市场化转型和经济增长；另一种是以所谓"晋升锦标赛"为代表的政治激励模型，强调地方官员作为政治参与人的特征，认为晋升是官员激励的主要来源，中央政府利用人事权激励地方官员去促进地方经济发展。

　　Montinola，Qian，Weingast，Roland 等[118,122-126]学者对中国经济高速增长的"奇迹"抱有浓厚的兴趣，他们从促进中国经济增长的政治基础入手，提出了市场维护型联邦主义的理论框架。其实质是不同层级政府间一系列权力和责任的划分原则，主要包括5个方面：①具有一个权力范围明确界定的层级政府体系；②地方政府在其辖区内拥有经济自主权；③中央政府有权威维护全国共同市场，以确保商品和生产要素在各辖区间自由流动；④政府间的收入分享是有限的并且政府借债受到限制，以使所有的政府都面临硬预算约束；⑤各级政府的权力和责任具有制度化的稳定性，以使这种权力和责任既不会被中央政府单方面改变也不会在地方政府的压力下改变[123]。只要具备这5个条件，就是事实上的市场维护型联邦主义，而不管形式上是否具有联邦制的国家形式，如俄罗斯，虽然是联邦制国家，但不具备市场维护型联邦主义特征；相反，18世纪的英国并不是形式上的联邦制国家，但事实上实行的是市场维护型联邦主义[126]。

　　市场维护型联邦主义认为，有效市场需要在两个方面得到政府的可信承诺。一方面，政府对经济成功给予正面的市场激励。如果政府对未来的成功所产生的收入和财富拿去过多，个人就失去了现在进行冒险和努力的激励，用诺斯（D. C. North）的话说，就是"国家掠夺（state predation）"问题[127]。另一方面，国家也必须承诺对经济失败进行惩罚的负面市场激励。如果国家试图救助失败的工程和不得不继续投入耗资巨大的无效率公共项目，个人就没有激励去避免犯错误和铺张浪费，用科尔奈（J. Kornai）的话说，就是"软预算约束（Soft Budget Constraint，SBC）"问题[128]。解决这两个问题依赖信息和权力的下放以及辖区竞争产生的约束机制，这类似于企业理论中对经理人员的激励与约束机制。

他们指出，虽然中国式的分权与西方有很大的不同，但并不妨碍它实行市场维护型联邦主义的制度。1979年以来，中国市场导向的改革让地方政府在市场领域享有广泛的自主决策权，越来越多的外资流入不受中央政府控制的项目和企业；财政包干制改革让地方政府拥有了更多可自主支配的财政收入；地区间的商品和生产要素的自由流动取得很大了进展，虽然还很不完美；财政包干和后来的分税制改革及银行业的整顿和改革，使得地方政府的预算约束硬化；市场化的改革方向具有政治上的有力保证。中国改革的成功在很大程度上应归因于把地方经济发展与地方政府的利益结合起来，调动地方政府发展经济的积极性[124,125]。

但是，一些学者对俄罗斯、波兰、印度等转型和发展中国家的经验研究却发现财政联邦主义并没有产生类似中国的经济绩效。Zhuravskaya[129]对比中国和俄罗斯的政府间关系发现，中国的财政分权有较强的财政激励效应，而俄罗斯地方政府与上级政府之间的收入分享方式使得地方政府没有积极性培植税源或提高公共物品供给水平，从某种意义上说，俄罗斯的财政分权可以称之为"市场阻碍型联邦主义（market-hampering federalism）"。Shleifer[130]在更早一些的研究中比较了俄罗斯与波兰的经济转型过程，也注意到了上下级政府间的财政关系和政治激励对解释转型和增长的重要性。俄罗斯经济困难的部分原因在于上下级政府缺乏激励机制促进地方政府支持私人经济发展，从而没有改变地方政府阻碍地方经济发展的掠夺性质。而在波兰，财政分权和选举制度对地方政府的约束和激励作用比俄罗斯要强。印裔经济学家 Bardhan 还对中国和印度的分权性质进行了比较。在印度，分权采取了在地方上不断选举的形式，但至今向地方政府下放的真实权威和征收收入的权力却微不足道。而在中国，地方党政部门拥有实际的权威并分享当地的收入，从而驱动地方官员在本地经济发展中担任领导角色[131-133]。

Shleifer 等对选举制度为地方官员制造的约束和激励的强调无法解释中国和俄罗斯的地方政府的不同表现，学者们开始把注意力转移到中国相对集中的政治体制。相对于财政上的分权，中国在政治上是相对集权的，特别是在地方官员的人事任免权上，上级党委的选拔起主导作用。事实上，Blanchard 和 Shleifer[134]很快就意识到了这个问题。他们认为，中国的市场维护型联邦主义很大程度上得益于中央的政治集权，中央政府具有奖惩地方官员的绝对权威，减少了利益集团对官员的"俘获"和竞争租金的空间。早在 1964 年 Riker 就提出，财政分权的结果依赖于国家的政治集权水平[135]。Bardhan 还用 75 个发展与转型国家 25 年的面板数据检验了 Riker 的观点，结果显示，全国性政党的强弱显著地影响了财政分权的效果，包括经济增长、政府的效能和公共物品的供给等，不过出乎意料的是,"行政服从"① 并没有提高分权的效果[136]。

市场维护型联邦主义提出之后,吸引了大量学者的研究兴趣。然而,这一理论在一定程度上忽视了财政分权在推动中国等经济体高速增长的同时,在公共物品供给领域存在的低效率,20 世纪 90 年代中期以来,对分权成本的反思逐渐形成一个潮流[137,138]。对进入21 世纪后的中国而言,正走入一个关键阶段,经济增长和社会和谐面临一系列难题:城乡和地区收入差距持续扩大,地区之间市场分割严重,公共事业公平性缺失,这些促使学者们探究分权可能带来的扭曲效应及作用机制[139,140],其中以周黎安等人提出的地方官员晋升锦标赛理论最为著名。

(2)晋升锦标赛理论对中国基本公共服务供给不足的解释

最早对锦标赛竞争机制进行研究的是 Lazear 和 Rosen[141]。他们在其关于最优劳动合同的研究论文中提出了一种根据个体的相对排序而不是产出水平的报酬机制,当产出难以观察或观察成本非常高的时候,锦标赛激励合同机制优于计件工资制和标准工资制。此后,Nalebuff 和 Stiglitz[142]、Green 和 Stokey[143]对锦标赛竞争理论做了一些扩展研究。尽管该理论产生于公司管理问题,但其原理完全适用于对政府官员的分析,因为公共部门的产出水平很难精确计算并且影响因素更加复杂。周黎安[140,144]最早是在通过扩展 Lazear 和 Rosen的模型来揭示中国地方保护主义和重复建设长期存在的原因的研究中提出反映政府内部激励机制的锦标赛理论的。锦标赛理论模型强调了官员作为政治参与人的特征,其基本特征就是促使参与人只关心自己与竞争者的相对位次,对于那些利己不利人的事情激励最充

---

① 原文为 "administrative subordination",意指任命而不是选举政治官员。

分，但是对于双赢的合作则激励不足。在此基础上，他于2007年提出了完整的地方官员晋升锦标赛理论模型，试图用一个前后内在一致的理论框架将增长的奇迹和问题同时予以解释。该模型虽然承认市场维护型联邦主义强调的行政和财政分权构成地方政府激励的重要来源，但对它们是否构成中国地方政府最为基本和长期的源泉提出了质疑，并认为地方官员的晋升锦标赛才是造成中国经济高速增长中存在的收入不平等、环境恶化和公共事业公平性缺失等问题的根本原因。

在晋升锦标赛理论中，参赛的优胜者将获得晋升，而竞赛标准由上级政府决定。参赛官员主要是各级政府的行政首长，竞赛标准可以是GDP增长率，也可以是其他可度量的经济指标。该理论认为，改革开放以来晋升锦标赛的最实质性的变化是考核标准的变化，地方首长在任期内的经济绩效取代了过去一味强调的政治挂帅。从职务晋升的路径来说，这是一个典型的逐级淘汰的锦标赛结构，竞争非常激烈。于是，地方官员非常热衷于GDP及相关经济指标的排名，并且从上到下层层加码，最后导致经济与社会发展失衡。Zhou等[145,146]还分别用1979—1995年和1979—2002年的数据证实了晋升是官员的主要激励因素，并且经济绩效对省级主要官员的晋升有正的影响。他们认为，这些发现支持了中央政府运用人事权来激励地方政府官员促进当地经济发展的观点。

王永钦、徐现祥等学者对锦标赛理论的具体机制进行了进一步的探讨[139,147-149]。他们认为，建立在经济性分权与政治集权（主要是人事控制权）基础上的中国式财政分权体制，中央对地方最重要的影响渠道就是政府之间的标尺竞争（yardstick competition）。标尺竞争机制最初由Shleifer[150]提出，指一种相同或相似企业的同时调节机制，一个企业的产品价格取决于同类企业的成本。这种机制被一些政治经济学家引入到政治体制中来解释地方政府的行为。在政治体系中，地方政府对于自己的行为处于信息优势，而普通民众处于相对信息劣势地位，选民只好参考其他地方政府的行为来评价自己所在地区的地方政府行为，从而其他地方政府的业绩表现就成为选民判断本地政府业绩表现的标尺，地方官员为了谋求选票就会仿效其他地方的相关政策发展本地经济[151,152]。这是一种自下而上的标尺竞争，同级政府之间的相互学习和竞争有利于提高政府部门的整体运作效率和防止权力滥用[153]。与这种"自下而上"的标尺竞争不同，中国地方政府对下负责的政治机制很不完善，上级政府的政绩考核对官员个人更为重要，从而形成了一种基于上级政府考评的"自上而下"的标尺竞争。根据 Holmstrom 和 Milgrom[154] 的多任务下的委托-代理理论，如果激励的设计只是基于一些可测度的指标，很容易导致代理人的努力配置扭曲，即将精力完全集中于容易测度的任务，而忽略难以测度但同样重要的任务。在中国中央政府对地方政府的考核中，中央政府处于相对信息劣势，而经济指标相对社会指标容易测度，经济增长与社会发展失衡的配置扭曲也就在所难免了。

不过在该理论日益成为"常识"时，近期也受到部分学者的质疑。刘剑雄[155]对单一强调经济绩效的晋升锦标赛理论进行了修正，认为"政治忠诚""经济绩效"和"辖区民意"都是上级政府考核下级政府官员的重要维度，在中国社会各个时期以不同的权重发挥着作用。在强调意识形态的时期，"政治忠诚"起主要作用；在"发展是硬道理"阶段，"经济绩效"起主要作用；而随着一些地区基层民主制度的发展，"辖区民意"在官员升迁中发挥着越来越重要的作用。陶然等[156]则对晋升锦标赛理论提出了全面质疑，他们通过对中国实际的党政干部考核体系考察、晋升锦标赛理论的逻辑剖析和对省级干部的政治提拔与经济增长进行了系统性重估后发现，官员政治晋升锦标赛理论基本不成立。他们发现，改革开放以后的中国并不存在一个从中央到省、从省到地市、从地市到县乃至乡的层层放大的、将政治提拔与经济增长或主要经济指标直接挂钩的考核体系。特别是对晋升锦标赛理论重点考察对象的省级地方政府而言，在 2006 年前中央政府根本就不存在对省级政府的任何具体的考核指标体系①。即使对县、乡基层政府而言，也很难定论考核结果是否与政治提拔紧密挂钩，以及考核结果中经济指标所占比重就一定具有绝对的主导性地位，逻辑和实证检验的结果也不支持 GDP 增长率考核指标对中国地方政府官员的政治提拔具有关键意义[156]。林挺进则研究了影响地级市市长政治升迁的因素，认为经济增长与政治升迁之间的因果关系是反向的。一方面，官员以前在升迁方面的优势将会有助于他们到一个有较好经济绩效的城市去担任市长；另一方面，这种经济上的优势又将转变成下一次政治升迁的有利砝码。就是说，政治升迁本质上是官员先前在升迁速率方面的优势的延伸，而不是因为所在行政区的经济绩效[157]。Opper 和 Brehm 也发现官员的一些政治网络指标会显著提高省级官员的升迁概率[158]，而 Sheng 讨论了省级官员的任职轨迹与获得提拔之间的关系，认为从外省调入和中央委派的官员更易于获得提拔[159]。

---

① 2006 年中共中央组织部才第一次制定围绕科学发展观的具体目标考核体系，可参见《体现科学发展观要求的地方党政领导班子和领导干部综合考核评价试行办法》（中组发〔2006〕14 号，2006 年 7 月 3 日印发）。这个考核办法并没有强调经济增长，而是强调全面综合协调发展的重要性。

4.1.3　理论反思

无疑，要分析经济与社会发展失衡的原因，探究政府行为背后的激励机制肯定是一个重要视角，而财政分权作为中央与地方的一种利益分配体制必是这种机制有效运行的基础。但无论是市场维护型联邦主义还是政治晋升锦标赛理论的回答都并不完满，值得进一步反思。

从政治激励的角度来分析地方政府行为的晋升锦标赛理论，强调在财政分权条件下，上级政府对下级政府制定了以经济增长为主的政绩考核指标，并且按照政绩考核结果来提拔和任用官员，因此地方政府官员为谋求政治晋升必然把经济增长作为主要目标。也就是说，官员谋求个人政治晋升的努力是地方政府经济增长取向行为的长期驱动力。这个理论分析框架几乎已经成为学术界乃至媒体的"共识"。

不可否认的是，政治晋升机制和官员谋求个人前途的动机会影响地方政府的行为，但对政绩包含的内容是否以经济增长指标为主以及晋升机制是否为经济增长的长期驱动力就值得怀疑了。中央政府对地方政府的责任要求是全方位的，包括从经济建设到教育、卫生、生产安全、食品安全和社会发展，再到政党建设等指标，而且非经济方面的工作很多也是可以量化的"硬指标"，为何只有经济指标才能体现政绩？在中央反复强调科学发展观的条件下，地方官员片面追求经济增长指标反而容易招致批评，为何地方政府依然"痴心不改"？同时，地方政府之间的竞争很难令人信服地还原为纯粹的政治官员之间的个人晋升竞争。

还有一种观点认为，中国地方政府官员是由上级任命而不是由地方选举产生的，户籍制度又限制了居民的迁徙自由，因此居民缺乏对地方官员"用手投票"机制的同时，也缺乏对地方政府蒂布特式的"用脚投票"机制[160]。诚然，中国不完全符合"用脚投票"机制的假设条件[132]①，但在当前户籍制度已经大大放松的条件下，这已经不是主要原因。这个机制发挥作用的前提是居民"抛弃"政府，而不是反过来政府"抛弃"居民。而在中国，城市政府并不希望吸引一般的居民，而只希望吸引资本和项目，"招商引资"是地方政府的主要任务之一。这与一个国家的税制结构有关，因为中国是以流转税为主体的税制结构，直接向居民征收的个人所得税和财产税所占份额非常低，给地方政府贡献税收的主要是工商企业而不是居民。税制结构对政府行为的影响已为很多研究所证实。Bénassy-Quéré 等的研究发现，公司税和公共资本项目对解释外来投资增加有很好的解释力，相反，地方政府提供面向家庭的公共物品如健康、社保等对外来投资没有吸引力[161]。

市场维护型联邦主义理论在解释中国地方政府推动经济增长的努力方面也存在一些困难。1993 年分税制改革以前，中央在财政承包制下经常单方面修改财政承包合同，缺乏财政联邦主义理论所要求的"可信承诺"；1994 年实行集权化的分税制后，地方政府发展经济的积极性依然不减，而在基本公共服务领域出现竞相"甩包袱"行为，基础教育、基本医疗领域的过度市场化行为就是明证。市场维护型联邦主义有一个重要观点，财政分权使地方政府承担更多的

---

① Pranab Bardhan 提出了传统分权理论在论述"用脚投票"机制的作用时存在的 6 个假设条件：（1）假定人口具有完全流动性；（2）有较好的监督地方官员的信息体制与机制；（3）假定存在健全的地方民主制度和问责机制；（4）过分注重公共服务提供的效率而不是分配问题；（5）假定地方政府自收自支，因而只有低税收/低公共服务、高税收/高公共服务两种组合；（6）假定不同级次的政府具有相似的技术和行政能力。

支出责任及面临更激烈的地区竞争，有助于解决地方政府的预算软约束问题。这种观点的成立需要两个前提条件：一个是地方政府的全部收支必须都经过正式的财政预算程序，另一个是地方行政部门对本地选民负责并接受"议会"（人大）的监督。这两个前提条件，在现行的财政体制和政府体制下很难做到。事实上，中国地方人大对政府的正式财政预算的监督尚且乏力，而对地方政府还存在的大量预算外收入根本没有纳入地方人大的正常监督范围，因此财政分权并没有解决中国地方政府的预算软约束问题。由于财政管理体制的不完善，地方政府自有"生财之道"。

综合上述分析可以看出，无论是从政治激励角度构建的晋升锦标赛理论，还是从经济激励角度构建的市场维护型联邦主义理论，都有较大的内在缺陷，但从中可以得到的启示是，政治激励和经济激励都是地方政府经济增长取向行为的重要解释因子。与这两个理论有所区别是，本研究认为地方政府追求的政绩不一定是中央制定的具体经济增长指标，而是"可视政绩"；而经济上的原因更多是因为地方政府利用财政管理体制上的不完善而最大化自身利益的结果。因此，对可视政绩和自主财政收入的追求是地方政府经济增长取向行为的双重驱动力。

所谓可视政绩，主要是指那些能形成较大规模固定资产，对当地经济增长有较大拉动作用的投资项目。这些项目以及项目带来的固定资产投资本身就能提高当地政府及官员的政绩显示度，因此各地政府都热衷于招商引资和进行大规模的基础设施建设，这甚至成为大多数地方政府的中心工作。而与此相对照的是，政府应提供的基本公共服务反而被忽视了。

在经济激励方面，以央—地和政—企经济关系变化为主线来观察地方政府行为，我们可以发现，虽然地方政府的行为方式发生较大改变，但追求地方自主财政收入最大化的努力并没有变。不管是转轨早期以地方政府所有企业为发展主体、地方保护主义为地区竞争主要形式的增长模式，还是 1994 年财政收入集权后以非地方政府所有企业为发展主体、以补贴性用地和降低环保与劳工保护标准来吸引制造业投资为主要特征的地区间"竞次（race to the bottom）"式发展模式[162]都是如此。从改革以来的工业化和城市化的全过程来看，我们可以发现，尽管地方政府的行为受到很多因素的影响，但追求自主收入的最大化才始终是地方政府行为的主要经济驱动力。

本章余下部分将首先从经济激励的角度考察地方政府在中国工业化和城市化过程中的行为特征，然后从政治激励与经济激励相结合的角度建立一个理论模型来分析在竞争条件下地方政府行为为何导致经济增长与社会发展失衡。

4.2 从工业化到城市化：中国地方政府的经营型行为分析

4.2.1 财政分权改革激发了地方政府追求自主收入的动机

改革开放 40 多年来，工业化和城市化推动了中国经济维持了较长时期的高速增长，其中离不开地方政府所发挥的作用。20 世纪 80 年代以来财政分权改革让地方政府从"吃大锅饭"到"分灶吃饭"，从"等米下锅"到"找米下锅"，极大地调动了他们的积极性。但这也使得地方政府与整个体制以及地方社会的关系发生了深刻变化。

一方面，由于自身利益显性化和具体化，地方政府会出于维护地方利益、部门利益甚至个人利益的考虑，弱化甚至抵制体制意志的贯彻；另一方面，由于民主制度的不健全和公民社会发育的不足，地方政府又享有不受地方社会制约的自主性。这样，地方政府在运行过程中就呈现出明显的双重"自主性"：既相对独立于整体体制，又脱离地方社会的控制。在这种双重"自主性"的驱动下，地方政府在行为上趋向于经济主义、短期化和失衡化。招商引资、基础设施建设，追求 GDP 增长率等经济职能得到强化，但社会职能受到挤压，对当地社会的公共责任履行不足。

不管是 20 世纪 80 年代初"包干制"改革，还是 20 世纪 90 年代"分税制"改革，都激发了地方政府和官员追求自有收入的积极性。财政包干制推行后，地方政府逐渐超越了忠实执行上级政策的代理人角色，更多表现为"政治企业家"的角色，以极大的热情投入到推动地方经济发展的事业中。对于这种现象，国内学者似乎因"身在此山中"的缘故，论述比较少见，倒是吸引了一批国际学者的关注[163-168]。他们在广泛深入的经验研究基础上，对地方政府的新角色及政府与企业的互动模式进行了不同的概括，构建出了"厂商化的地方政府（local governments as industrial firms）""地方法团主义（local state corporatism）"①"模糊产权的合作社（vaguely defined co-operatives）"等术语及理论模型，用以刻画中国地方政府作为地方企业扶持者的行为特征[167,169-172]。国内学者在分税制改革以后才开始关注 20 世纪 80 年代以来的财政改革对地方政府行为和中国经济社会发展的影响，尤其是进入 21 世纪以后成了研究热点。例如，王珺把

---

① 也常被翻译为"地方国家统合主义""地方政府合作主义"等。

改革以来的地方政府行为的演变概括为建立在评价与激励制度之上、以增长为取向的适应性调整过程，经营企业、经营城市、经营园区就是这种适应性调整的阶段性特征[173]。刘守英则研究了20世纪80年代中期至90年代中期以乡镇企业为主体的农村工业化现象[174]。

财政分权虽然硬化了地方政府的预算内收入，但由于预算外资金几乎处于完全分权状态，地方政府为获得更多的财力支配权，总是不断突破已有预算约束，追求预算外收入。周雪光用"逆向软预算约束"概念概括基层政府自上而下地向所管辖区域中的下属组织和个人索取资源的行为，并从组织分析的角度探讨了这类现象产生的渊源[175]。科尔奈最早提出"软预算约束"概念[176]，原意指企业在生产过程中一味追求产出，不注重效率，力图突破预算限制；在出现亏损或资源短缺时，可以不断地向上级部门索取资源来弥补亏空。20世纪80年代以来，"软预算约束"成为解释社会主义计划经济及其企业行为的一个重要分析概念和理论思路。周雪光指出，这种现象在政府中也存在，与统收统支时期相比，中国的财政分权改革虽然硬化了基层政府预算，但因为预算外资金的存在，反而强化了地方政府自上而下攫取资源的现象，但因索取资源的方向与"软预算约束"相反，故称之为"逆向软预算约束"。这个概念较好地反映了地方政府追求预算外自主收入的现象。

4.2.2 财政包干制以来以工业化为手段的经营企业行为

20世纪80年代中期开始实施的财政包干制将地方政府变成了有明确的自身利益的行为主体，极大程度地改变了地方政府的行为模式，追求地方经济增长和财政收入的增加成为行动的主要动机和目标，呈现"公司化"特征[69]。在包干体制下，地方政府的利益与其辖区内经济发展状况紧密地联系在一起。地方企业规模越大，能够创造的税收和预算外财政收入就越多，因此政府愿意直接投资于地方工业或者帮助企业融资、减免税收、实行价格保护和贸易保护，对企业实施"父爱"主义的政策[177]。

地方政府追求自主收入的动机首先是通过所谓"农村工业化"，即发展乡镇企业来实现的。从20世纪80年代中期到90年代中期中国乡镇企业的"异军突起"虽有各种社会历史条件，但也离不开因财政包干而形成的地方政府尤其是县乡政府的强力推动。这是因为，包干制期间的税制以产品税为主，不管企业效益好坏，只要企业运转，税收便以产值或增加值为基数来计算。通过承包制及相应措施，地方政府与地方企业开始成为有着共同利益的行动主体。就与地方政府的关系而言，乡镇企业与国有企业并无多大区别，只是对于国有企业，地方政府的"软预算约束"机制更为明显些。

财政资金的预算内外双轨制管理体制是地方政府尤其是乡镇政府大力发展乡镇企业的制度性原因。预算内的收入仅仅为地方政府提供了基本的经费保障，而发展乡镇企业所带来的预算以外的收入才是维持地方政府有效运转的主要收入来源。按照财政体制，乡镇财政资金分为预算内资金、预算外资金和自筹资金，这三类资金的使用自由度依次递减，显然大力增加预算外和自筹资金收入会给乡镇财政带来更多的利益，而乡镇企业上交乡镇财政的利润属乡镇自筹资金①。与加大农业税征收力度、提高统筹收入相比，发展乡镇企业，尤其是工业企业，对于乡镇预算外和自筹收入的增加所起的作用要大很多。在一些工业发达地区，几乎所有的预算外收入和自

---

① 参见1985年财政部《乡镇财政管理试行办法》（财预〔85〕55号）。

筹收入都来自工业领域[177]。

国有企业是政府获得预算外和体制外收入的主要来源。在1993年以前，国有企业的留利被界定为"预算外收入"，其占预算外收入的比重一直在70%以上，甚至接近90%[178]。从地方政府来看，由于预算外收入是留在本地的资金，因此出于地方利益考虑，减免某些企业的税收和上缴利润，从而增加本地资金和减少上交中央财政收入，是地方政府的理性选择。一方面，通过减免税将中央财政收入转化为企业收入，形成与中央讨价还价的基础；另一方面，又通过各种形式的摊派或集资将企业留利集中起来，从而扩大了地方政府可支配资金的数量。而从企业来看，与地方政府合作可以增加收入，改善自身的福利。于是，地方政府与企业的关系形成了如戴慕珍（J. C. Oi）所描述的"地方法团主义"[163]。1993年以后，国家对预算外资金的管理又做了调整，一个最显著的变化就是国有企业折旧基金和税后留用资金不再作为预算外资金管理。地方政府无法再以"预算外收入"的名目从企业获取预算以外的收入，此时地方政府收入则表现为"三乱"——乱集资、乱收费和乱罚款。由于缺乏有效的监督和制约，这部分收入很快就成为游离于财政体制监管之外的"体制外"收入。但"三乱"毕竟带来很恶劣的社会影响，是中央政府和企业难以容忍的行为，于是地方政府又开辟另外的生财之道——经营城市。

4.2.3 分税制以来以城市化为手段的经营城市行为

1994年分税制改革是中央地方财政收入划分的重大变革，而在分税制实行前后，地方政府的预算外收入划分也发生了重大变化。一方面，来自国有企业的收入不再作为预算外资金管理；另一方面，土地出让金划归地方政府所有①。这对地方政府的行为产生了很大影响，具体表现为，政府强调"政企分开"，不再直接干预企业的生产经营，这当然有利于国家的经济发展，但也反映了收入划分对地方政府行为的影响。虽然地方政府仍可从企业所得税中获得收入②，但国有企业利润已经不能满足地方政府追求预算外收入的需求。而此时土地出让收入不进入地方财政预算，极大地调动了地方政府"经营土地""经营城市"的积极性，于是土地收入逐渐成为地方财政预算外收入的最主要来源，在一些发达地区，土地出让金数额巨大，号称地方政府的"第二财政"。

中国现行土地制度安排为分税制改革以来——特别是20世纪90年代末以来——城市化的加速扩张提供了重要的制度保障。一方面，政府只是以耕地的原产值的一定倍数低价从农民那里获得土地；另一方面，通过土地一级市场的垄断来配置土地资源并通过经营性用地的市场化出让来获取巨额土地出让收益。此外，还可以土地这一预期会升值的资产的抵押来获取巨额城市基础设施建设资金，从而保证了城市化的加速和这一时期经济高速增长的实现。沿海地区的工业化和城市化带来了城市建设用地的短缺，城市用地制度和农地征用制度的改革为地方政府大规模征用、开发和出让土地提供了经济需求和制度保障。按照现行法律，只有地方政府有权征收、开发和出让农业用地，其征收费用远低于城市建设用地出让价格。地方

---

① 1992年9月，财政部出台《关于国有土地使用权有偿使用收入征收管理的暂行办法》，"土地使用税"改为"土地出让金"，中央政府与地方政府5∶95分成。1994年实行分税制改革，土地出让金全部划归地方政府所有。2007年以后，土地出让金从预算外调到预算内，必须全部用于城市基础设施建设和土地开发，不允许挪作他用。

② 2006年以前企业所得税按行政隶属关系缴纳，2006年后，企业所得税改为共享税，按比例在中央政府和地方政府之间分成。

政府低价征收农业用地，进行平整、开发后，以招、拍、挂等形式在土地二级市场上出让。此外，地方政府的财源还包括城市化中迅速增长的建筑业、房地产业等，它们是地方政府税收收入的主要来源之一。由此，地方政府的预算收入和非预算收入都呈现出快速增长的态势。因此，快速城市化过程是与地方政府"经营城市""经营土地"的行为取向密不可分的。这也成为我们理解地方政府行为和中央—地方关系的关键所在。

尽管预算内收入无法支撑城市基础设施投资，但是地方政府进行城市扩张的热情却有增无减，其后果是除了广受指责的政府官员政绩观偏误导致他们热衷于形象工程外，更为重要的是，这种扩张也具有显著的地方财政收入差距扩增效应。从地区之间的关系上看，东部地区的迅速工业化和城市化使区域之间的差距迅速加大，中央政府力图通过转移支付来平衡区域差距的努力随着这种发展模式的推进也效果有限。从政府和社会的关系上看，"经营城市、经营土地"的发展模式使得政府的公共服务职能得不到发展，社会保障滞后，贫富差距持续扩大。这种现象的存在与当前的财政体制有较大关系，由于土地收入及与土地相关的营业税属于地方政府收入，中央政府通过财政手段调控地方政府行为的努力见效甚微。一方面，由于土地收入是地方政府的财源所在，而且存在高昂的监督成本，因此中央政府的行政干预困难重重。另一方面，由于土地财政和城市建设投资是经济增长的关键，经济增长又被认为是社会稳定的保障，在"保增长、保稳定"的战略目标之下，强力遏制土地开发的政策往往得不到有效的落实。所以说，中央对地方的干预既有能力上的限制，又有意图上的顾忌。这种以地方竞争为基本形式、以土地开发和城市建设为中心的发展战略实际上存在极大的风险，不但威胁到经济增长的可持续性，而且还威胁到社会的稳定。在近年的"上访潮"中，由征地拆迁引发的案例占了相当数量。

4.3　财政分权、地方政府行为与发展失衡：一个理论模型

财政分权是各国财政体制的一个普遍现象。改革开放以后，中国从原来统收统支的集权财政体制转向"分灶吃饭"和"分税制"的分权财政体制。在分权体制下，中央政府对地方的政绩评价由过去突出政治忠诚转向强调政绩表现，地方政府自身的利益也越来越与本地区的经济增长高度相关，地方政府及官员的行为相应发生了重大变化。集中体现为地方政府在推动经济增长上不遗余力，而在教育、医疗、卫生、社会保障等基本公共服务供给上却难尽如人意，即所谓经济高速增长与基本公共服务供给相对不足的发展失衡问题。中国的经济增长在很大程度上是分权体制下地方政府推动的增长[179]，因此地方政府为增长而竞争所带来的发展失衡问题受到越来越多的关注。

财政分权体制下地方政府及官员所面临的政治与经济激励机制是近年来学者考察这一问题的一个重要视角。尽管改革以来中国的财政分权并未具有很强的稳定性，甚至发生过重大变动，特别是在财政收入上的分权，很长一段时间都在中央和地方层面相互博弈，财政分权作为一种激励手段只是在短时间内是稳定的，这无疑影响其作为激励的有效性，但总体而言，这种分权的格局获得了越来越强的稳定性。因此我们需要从理论上回答地方政府为增长而进行的

竞赛是如何开展起来的，地方政府热衷于基础设施投资而忽视基本公共服务供给的逻辑是什么。本书试图围绕此问题提供一个理论分析框架。

4.3.1　已有研究简述

财政分权如何影响地方政府行为及对社会经济造成的后果实质上是一个激励机制问题，即如何获得正确的激励[180]。考察激励机制有两个视角：一个视角强调财政激励本身的有效性。早期的文献主要研究分权导致的竞争如何影响地方公共支出水平。Oates[119] 提出，为了吸引商业投资，地方政府会降低税率，从而公共支出水平会低于边际收益等于边际成本所要求的水平，特别是对当地经济不能带来直接好处的项目会降低到更低的水平。Zodrow 和 Mieszkowski[181] 建立了一个模型对这一思想进行了进一步的阐释。近期的文献开始关注辖区竞争对政府支出结构的影响。Keen 和 Marchand[137] 论述了地区间的资本竞争扭曲了地方政府的支出结构，使得地方政府把更多的支出用于投资基础设施（商业中心和机场），而相应减少其他公共物品（公园和图书馆）。Schulze 和 Ursprung[182] 指出，地方对外来资本的竞争有助于增加私人生产的公共投入，减少转移性和消费性支出。Qian 和 Roland[125] 认为，在分权体制下，地方政府竞争资本虽然硬化了预算约束，但财政支出结构却偏离了社会最优解；在部分财政分权的体制下，地方政府对中央转移支付的竞争会保证预算的硬化，但也会导致支出结构的更大扭曲。Cumberland[183] 论证了吸引商业投资的辖区竞争降低了环境质量。Rom 等[184] 讨论了福利政策和社会服务的"竞次（race to the bottom）"行为。

考察激励机制的另一个视角是强调建立在财政分权基础上的政

治激励的有效性。这个分析视角往往与解释中国经济高速增长的原因相联系。Blanchard 和 Shleifer[134]基于中俄两国的比较研究发现，中国较俄罗斯的成功之处在于在转型和经济分权的同时，维持了政治上的集中和奖惩地方官员的能力。Zhuravskaya[129]、Bardhan[131]也论证了，从国际比较的角度看，俄罗斯、印度与中国在 20 世纪 90 年代之后出现的经济成绩差异不是财政分权上的差异而是政府治理上的差异造成的。随着研究的不断深入，当前文献普遍认为政治激励是地方官员主动推动地方经济增长更加关键的线索，具有更加坚实的经济学微观基础。Maskin 等[185]的研究发现，省级官员在中央委员会席位与该省经济排名之间存在正相关关系。前已述及，周黎安等[144,145]认为从 20 世纪 80 年代开始的地方官员之间围绕 GDP 增长而进行的"晋升锦标赛"模式是理解政府激励与增长的关键线索之一，并提供了经验检验。

近年来不少文献探讨了中国经济快速增长过程中所伴随的一系列问题与成本，并且逐步形成一个较为完整的逻辑框架。王永钦等[139,148]讨论了中国式分权所带来的成本，认为突出地表现在城乡和地区间收入差距持续扩大、市场分割、社会事业公平缺失等方面。傅勇[186]，王贤彬、徐现祥[187]也论证了中国式分权所带来的快速经济增长收益与财政支出结构扭曲成本，傅勇、张晏[188]还对地方政府财政支出结构做了实证考察。

Keen 和 Marchand[137]指出，对公共支出整体水平的研究较多，但是对公共支出结构的研究尚不充分。少数文献注意到地区间资本竞争对公共支出结构的影响，但通常假定地方政府最大化当地居民（投票人）的利益[137,181]，这与中国政府地方官员自上而下的选拔制晋升体制有出入。为考察地方政府的行为取向，本书将地方政府的财政支出分为基础设施支出、公共服务支出和政府消费支出。基础设施支出包括交通、能源、通信等方面的投入，公共服务支出包括卫生保健、文化教育、社会保障与福利等方面的投入，政府消费支出指由政府官员直接花费掉的职务消费支出。这种区分的标准是，基础设施投资进入当期的生产函数，公共服务支出则进入居民的效用函数，职务消费支出则直接进入政府官员的效用函数。Cai 和 Treisman[189] 把政府支出分为基础设施投资和政府消费两部分。其中，基础设施投资定义为能够提升资本生产力的所有政府支出，不仅包括交通、电信等物质资本投资，而且还包括教育、卫生等人力资本投资，甚至包括法律产权等制度基础设施。而政府消费支出则既包括政府自身的消费支出，也包括向居民提供公共服务的支出。傅勇[186] 认为，人力资本投资和制度基础设施主要是满足居民而不是生产的需要，对地方官员任期内的经济增长帮助不大，因此不计入基础设施投资。但他同样没有把直接用于居民的公共服务支出和政府自身的消费支出区别开来。

本书在同一个框架内同时考虑了政治激励与财政分权基础上经济激励，进一步考察地方官员在政治集权与财政分权体制之下追求可视政绩和自主收入动机形成的原因，以期为理解我国社会发展过程中经济增长与社会公共服务供给失衡问题提供一个理论框架。政治集权是保证地方官员在不同的财政分权体制之下大力推动经济增长的关键。在政治集权之下，中央能够显著影响地方官员的偏好与行为。地方官员大力推动经济增长的动力主要来自中央的政治激励与约束，其伴随的一系列成本也是这种机制的结果。

4.3.2 模型设定

考虑一种最简单的情形。假设全国分 n 个地区，不考虑地方政府的内部级次，则共有 1 个中央政府、n 个地方政府。设投资者拥有的总资本量为 K，投向这 n 个地区，则地区 i 获得的投资额为 K_i。各地区在主客观条件方面存在差距。客观方面包括自然资源、历史形成的人力资本和基础设施条件等，可以用 A_i 刻画地区 i 的客观条件；主观方面主要表现为各地区财政支出政策差异，在其他条件相同的情况下，影响各地区经济产出主要因素为基础设施的投资额 I_i。按照 Cobb-Douglas 生产函数形式，可以把一个地区的经济产出表示为：

$$Y_i = Y\left(A_i,\ I_i,\ K_i\right) = A_i I_i^{\alpha} K_i^{\beta} \tag{4.1}$$

其中，$K = \sum K_i$，$A_i > 0$，$\alpha > 0$，$\beta > 0$，$\alpha + \beta < 1$。这里设定 $\alpha + \beta < 1$，是考虑到影响产出水平的因素还有劳动力。假定各地区的客观禀赋 A_i 是固定不变的，根据资本边际生产力递减的基本经济规律，以及考虑基础设施对资本生产力的促进作用，下列关系式应该成立：

$$YKK\left(I_i,\ K_i\right) < 0 \tag{4.2}$$

$$YIK\left(I_i,\ K_i\right) > 0 \tag{4.3}$$

（4.2）式用 Y 对 K 的二阶偏导数小于 0 刻画资本的边际生产力递减规律，（4.3）式用 Y 对 I 和 K 的二阶混合偏导数大于 0 表示公共基础设施和私人资本之间存在互补关系，前者能提高后者的生产力。地方政府投资基础设施能够吸引资本流入，促进本地经济增长，从而形成地方政府财政支出竞争的基础。

地方政府财政竞争的手段包括财政收入（设定税负水平）和财政支出（决定支出构成）两个方面。财政收入方面，假设每个政府都有一笔固定收入 S，与经济产出无关（可以理解为人头税）；另一部分与经济产出相关，通过税收形式获得，税率为 τ，这个税率不一定是税法中规定的税率，应该理解为宏观税负水平，即对经济产出的征收强度。如果经济产出用地方 GDP 值 Y 表示，并将税收与 GDP 的关系简化为正向线性关系，则这部分财政收入为 τY；又设地方对这部分财政收入的分享比例为 γ，则地方实际分享额度为 $\gamma\tau Y$。财政支出主要用于三个方面：一部分用于生产当地居民所需的公共产品和服务，设其支出额为 C；一部分用于政府自身消费，设其支出额为 G；还有一部分用于生产性基础设施投资，设其支出为 I，这部分投入直接进入生产函数。这样，地方政府的预算约束为：

$$I_i + C_i + G_i = S + \gamma\tau Y_i \tag{4.4}$$

地方政府具有自己的效用函数，它是很多因素的综合结果，把这些因素归结起来，地方政府的效用来自三个方面：一是经济产出 GDP，二是为居民提供的公共服务，三是政府自身的职务消费。因此政府的效用函数可以表示为：

$$U_i = \xi Y_i + \eta C_i + G_i \tag{4.5}$$

其中，U_i 代表第 i 个地区政府的效用，Y_i 表示第 i 个地区的 GDP，C_i 表示第 i 个地区居民享受的公共产品和服务，G_i 表示政府的职务消费。

由于本模型是一个纯理论模型，目的是观察权重的相对变化对政府效用的影响，而非政府获得的具体效用值，因此各变量的权重只有相对意义。为使模型简化，设定 G_i 的权重为 1 作为相互比较的基准，Y_i、C_i 的权重则分别设为 ξ、η。ξ 为地方政府对 GDP 赋予的权重，它受政绩考核的影响，地方政府效用中的 ξ 值在很大程度上由中央政府而不是居民的真实偏好决定。在这个意义上，ξ 度量了政绩考核造成的扭曲程度。同理，η 度量了政府对基本公共服务的关心程度。我们关心的是 ξ、η 的相对权重。考虑到中国相对集中的政治管理体制下地方政府的政绩主要取决于上级政府的考核，并且财政分权体制下地方政府的自主财政收入与 GDP 有较强的相关性，因此预设 $\xi > \eta(\xi > 0，\eta > 0)$，即 $\xi/\eta > 1$。

（4.1）、（4.4）、（4.5）三式共同构成了地方政府效用的最优化问题。

Y_i 对地方政府效用的影响是多方面的，与中央政府的考核有关，也与自身的利益偏好有关。它包括基础设施投资及经济增长为官员带来的"可视政绩"，税基的增加为地方带来更多的财政收入，而财政收入的增加不仅意味着地方政府可支配财力的增加，而且意味着上缴中央的财政收入也会增加，这也会为地方政府的政绩加分。同时，在中央与地方的分享比例确定的情况下，经济产出代表本地居民可用来自主支配的财富，除非纯掠夺型政府，一般都会考虑这一项。C_i 计入地方政府的效用表明地方政府在一定程度上考虑居民的效用并且中央政府对地方政府的政绩考核也会考虑当地民意。G_i 是政府的自身消费，自然直接给政府官员带来效用。这里假定 G_i 与基础设施和公共服务的投入无关，只与国家给公务员的法定待遇以及财经纪律、反腐力度等模型变量以外的因素有关。

在中国式的分权框架下，地方政府的政绩由中央主导考核，中央和地方政府的税收分成比例也事先由国家法律规定；地方政府在此基础上确定本地区的税率①组织收入，并将财政收入在公共服务和基础设施投资之间进行分配。此外，假定居民不能流动，资本则分不可流动和可流动两种情况。在资本可流动条件下，投资者决定将总资金 K 投资到 n 个地区，所有的外溢都通过资本流动产生。

---

① 在中国，地方政府无权规定税率，但仍存在各种税收减免、优惠政策，低价土地出让等各种明补暗补政策。

4.3.3 模型分析

我们分析这样一个博弈,在中央政府先确定考核标准和税收分享比例的条件下,所有的地方政府同时决定其基础设施的投资量,投资者决定其资本投向。考虑两种极端情况:资本完全不流动和资本完全流动且无流动成本。现实的情况介于两种之间,通过分析这两种极端情况就可以更好地理解地方政府的行为。

(1) 资本不流动

由于资本不流动,初始属于 i 地区的资本只能投资于本地区,不能在地区间随报酬率高低而流动。由(4.4)式得:

$$C_i = S - G_i - I_i + \gamma\tau Y_i \tag{4.6}$$

由于 G_i 只与模型以外的因素有关,可以看作常量。考虑(4.1)和(4.6)两式,可用(4.5)式对 I 求最优化一阶条件,令

$$\partial U/\partial I = \xi\ (\partial Y/\partial I)\ +\eta\ \left[\ -1+\gamma\tau\ (\partial Y/\partial I)\ \right]\ =0$$

则有

$$\partial Y_i/\partial I_i = \eta/(\xi + \gamma\tau\eta) = (\xi/\eta + \gamma\tau)^{-1} = \theta_1 \tag{4.7}$$

(4.7)式是地方政府决定其财政支出结构的规则,即边际收益=边际成本。左边是投资于基础设施的边际收益(或边际生产力);右边是其边际成本,即向居民提供的公共服务而导致的效用下降。从(4.7)式还可以进一步挖掘政府偏好与社会福利的关系。

命题1:当 ξ/η 大于居民的真实偏好时,地方政府所进行的基础设施投资将超过社会最优量。

上述命题可以在以下假设条件下得到证明。设居民的真实偏好是中性的,即 $\xi = \eta$ 或 $\xi/\eta = 1$,并设 I_i^* 为最优投资量,则社会最优

的地方财政支出结构的规则是 $\partial Y_i / \partial I_i^* = (1 + \gamma\tau)^{-1} > (\xi/\eta + \gamma\tau)^{-1} = \theta_1$。同时，根据资本边际生产力递减规律，$Y_{II} < 0$，于是，$I_i^* < I_i$，这意味着按照社会最优规则，基础设施投资高于最优投资量，在基础设施上应该投入更少。

上面的讨论考虑生产函数 Y 的具体形式可以求得 I 的具体值，事实上，联合（4.7）式和（4.1）式可得：

$$I_{i(K_i, A_i)} = \left(\frac{1}{\theta_1} \alpha A_i K_i^\beta \right)^{1/(1-\alpha)} = \left[\left(\frac{\xi}{\eta} + \gamma\tau \right) \alpha A_i K_i^\beta \right]^{1/(1-\alpha)} \quad (4.8)$$

从（4.8）式可以看出，I 确实随 ξ/η 值的增大而增大。同时还可以看到，I 也与 γ 和 τ 同方向变化。于是，可以很容易得出命题2。

命题2：在资本不可流动的条件下，财政激励强度 γ 和地方宏观税收强度 τ 越大，地方政府越倾向于加大在基础设施 I 上的投入。

命题1和命题2表明了影响政府看待经济增长的几个关键因素，即经济增长对政绩的影响大小、财政激励的强度和税收增加的预期。ξ/η 与 I 的正向关系表明经济增长与政绩的相关性越强，中央政府对与经济增长相关的政绩考核力度越大，则地方政府越倾向于投资于基础设施而忽视居民对公共服务的需求，财政分权与激励强度的加大，并不意味着居民会得到更多的基本公共服务。

（2）资本可流动

资本总是追逐利润的。假定资本能在各地区之间自由流动，资本便会从税后资本回报率低的地区流向回报率高的地区，则均衡状态必然是各地区的税后资本回报率相等。设均衡状态的资本净回报率为 φ。这时，每个地区的资本量不再是外生决定的，而是成为一个内生参数，即资本流动遵循以下规律：

$$(1 - \tau) \partial Y_i / \partial K_i = \varphi \quad (4.9)$$

由 (4.9) 和 (4.1) 两式，容易得到：

$$K_i (I_i, \varphi, A_i) = \left[\frac{1}{\varphi} (1 - \tau) \beta A_i I_i^\alpha \right]^{1/(1-\beta)} \quad (4.10)$$

很明显，K_i 随 I_i 正向变动，这表明资本流向基础设施投资更多的地区。

对投资者而言，其收益与资本产出的边际税率 τ 有关，而与中央和地方的分成比例 γ 无关。资本在各个地区之间的配置由 (4.9) 式和资本总量 $K = \sum K_i$ 共同决定。地方政府的基础设施投资能够提升资本的回报率，因此一个地区最终拥有的资本量是政府基础设施投资的函数。考虑到在资本可流动条件下 K_i 是 I_i 的函数，可同样利用 (4.1)、(4.6) 两式的条件，将 (4.5) 式对 I_i 求解地方政府最优化问题的一阶条件。令

$$\partial U_i / \partial I_i = \xi [\partial Y_i / \partial I_i + (\partial Y_i / \partial K_i)(\partial Y_i / \partial I_i)]$$
$$+ \eta \{ -1 + \gamma \tau [\partial Y_i / \partial I_i + (\partial Y_i / \partial K_i)(\partial Y_i / \partial I_i)] \} = 0$$

则有

$$\partial Y_i / \partial I_i + (\partial Y_i / \partial K_i)(\partial K_i / \partial I_i) = \eta / (\xi + \gamma \tau \eta)$$
$$= (\xi / \eta + \gamma \tau) - 1 = \theta_2 \quad (4.11)$$

(4.11) 式两边揭示了在资本可自由流动的情况下，地方政府决定支出结构的原则，即投资基础设施的边际收益等于其边际成本。与资本不流动下的 (4.7) 式比较，可以发现 (4.11) 式左边多出了 $(\partial Y_i / \partial K_i)(\partial K_i / \partial I_i)$ 式，它反映了基础设施投资的增加导致资本流入增加，而资本流入的增加又导致 GDP 的增加这样一个传导过程。这表明在资本可流动条件下，地方政府投资于基础设施对 GDP 增长的作用表现为两个方面：一是基础设施投资本身对 GDP 增长的直接效应；二是基础设施投资通过吸引资本流入从而促进 GDP 增长

的间接效应。(4.11) 式右边与 (4.7) 式一样，都是公共服务的下降所导致的居民效用下降。

为了明确地区间资本竞争对地方财政支出结构的影响，我们需要进一步明确基础设施投资对其他地区所造成外溢的性质。由 (4.9) 式两边对 I 求导，并考虑 (4.2)、(4.3) 两式可得，$\partial K_i / \partial I_i > 0$，并且 $\partial K_{-i} / \partial I_i < 0$（$-i$ 表示 i 以外的地区）[①]。这意味着在资本可流动且资本总量一定的情况下，一个地区的基础设施投资对其他地区有负的外部性。注意到 (4.7) 式和 (4.11) 式的右边表达式相同，这意味着在一定税率条件下，不管资本是否流动，基础设施和资本综合起来对 GDP 的边际贡献率是不变的。经济增长与一个地区的基础设施投资和资本量正相关，而基础设施与吸引的资本量也是正相关的，因此地方政府要获得更多的经济产出（GDP），必须增加基础设施投资。在资本可流动条件下，为获得更多资本从而增加产出的竞争，会使地方政府增加更多的基础设施投资，从而对基本公共服务支出产生挤出效应。这意味着地方政府通过基础设施投资竞争资本，必然会导致财政支出结构的扭曲。综合上述分析，我们可以得到命题 3。

命题 3：当资本可自由流动时，地方政府竞争一方面促进经济增长、增加财政收入；另一方面使得公共服务供给相对不足，同时形成偏向基础设施投资的财政支出结构。

同样，我们将 (4.9) 式和 (4.1) 式中生产函数的具体表达式联合起来，并考虑 (4.11) 式，可以求得资本可流动条件下政府效

---

① 由 (4.9) 式两边对 I 求导得：$Y_{KI} + Y_{KK} (\partial K / \partial I) = 0$，即 $\partial K / \partial I = -Y_{KI} / Y_{KK}$，在 $Y_{KK} < 0$ 和 $Y_{KI} > 0$ 的条件下，可得 $\partial K_i / \partial I_i > 0$。当全国总资本量不变时，一个地区资本的增加量就是其他地区的资本减少量，因此必有 $\partial K_{-i} / \partial I_i < 0$。

用最优时的 I 值①：

$$I_i(K_i, A_i) = (^1 - \beta) - [1/(1-\alpha)](^\alpha A_i) 1/(1-\alpha)$$

$$= (^1 - \beta) - [1/(1-\alpha)][(+\gamma\tau)\alpha A_i] 1/(1-\alpha)$$

$$(4.12)$$

比较（4.12）式与（4.8）式右边，（4.12）式比（4.8）式多一个系数项 $(1-\beta)^{-[1/(1-\alpha)]}$，因 $0<\alpha$，$\beta<1$，易知其值大于 1，因此，当资本配置保持资本不流动时的水平时，在资本可流动情形下，地方政府将加大基础设施的投资。由于预算总额的约束，地方政府必将同时削减基本公共服务支出，从而造成基本公共供给相对不足。

在资本可流动条件下，税收是地方政府之间资本竞争的重要工具，因此还可以考察政府的最优税收策略及对支出结构的影响。假定地方政府的财政收入来源于两类税：一类是人头税，另一类是商品税。人头税与地区人口正相关，而与经济产生无关。在 Pigou 的意义上，人头税是一次总付税（lump sum taxation），不可转嫁，并且这里所指的人头税是广义的，它包括对居民的各种收费。假设人口不流动，则人头税没有外部性和扭曲。如果把商品税的税基简化为 GDP，则（4.4）式中的 τ 就是商品税的税率。按照税率 τ 对 GDP 征收比例税，由于减少了资本的净回报，因此会存在外部性和扭曲，并可能影响到财政支出结构和公共物品的供给。

命题 4：当人口不流动而资本流动时，地方政府税收结构将偏向于加重人头税，降低商品税的税率。

由（4.9）式可得：

---

① 推导过程见附录 A。

$$\partial Y_i / \partial K_i = \varphi / (1 - \tau_i) \qquad (4.13)$$

显然，在资本边际生产力一定的情况下，税率越高，资本的净回报率越低。注意到，在资本可流动时，Y_i 是 I_i 和 K_i 的函数，即 $Y_i = Y_i (I_i, K_i)$，式两边同时对 τ_i 求导，整理可得：

$$\partial K_i / \partial \tau_i = \varphi / \left[Y_{K_i K_i}(1 - \tau_i)^2 \right] \qquad (4.14)$$

由于 $Y_{K_i K_i} < 0$，因而 $\partial K_i / \partial \tau_i < 0$。这意味着当一个地区提高税率 τ 时，资本的回报率降低，流入该地区的资本将会下降。由于资本流动使得资本有了退出机制，因而相对于资本不流动时，地方政府将更加偏好人头税。这在一定程度上解释了为什么地方政府在竞相对外资减免税、廉价甚至免费提供土地用于招商项目的同时，却巧立名目对当地居民征收各种税费。

4.3.4　模型拓展与稳健性讨论

以上在严格假定条件下讨论了地方政府财政竞争行为的简单情形，现将模型略加扩展，观察其结论的稳健性。

（1）可以对政府效应函数进行适当扩展。在政治经济学的分析中，准线性的政府效用函数是一种普遍的预设[190,191]。假设居民消费投入的效用不是 C_i，而是函数 $v(C_i)$，则政府效用函数可表示为：

$$U_i = \xi Y_i + \eta v(C_i) + G_i \qquad (4.15)$$

如果居民享受的基本公共服务属于正常消费品，应该有 $v_C > 0$，$v_{CC} < 0$。同样可以按前述方法求得政府投资基础设施的机会成本 $\theta_1' = \theta_2' = \left[\xi / (\eta v'(C_i) + \gamma \tau) \right]^{-1}$，$\theta_1'$、$\theta_2'$ 分别为（4.7）式中 θ_1、式中 θ_2 的对应值。虽然代数式变得复杂了些，但仍不改变前述命题的基本结论。

（2）考虑 G_i 内生的情形。前文假定政府自身消费 G_i 是模型的外生变量，如果把 G_i 作为内生因素，其与基础设施投资 I_i 和基本公共服务投入 C_i 都有相互影响，则模型的分析会比较复杂。但从招商引资和基础设施建设领域往往较容易发生腐败和浪费的现象来看，官员更愿意偏向于投资基础设施而不是基本公共服务。已有不少文献论证腐败与基础设施投资有正向相关关系的文献，如 Tanzi 和 Davoodi[192]、Mauro[193,194]、张军等[133]。因此，如果考虑政府职务消费腐败与基本建设支出的正相关性，政府效用函数中的系数 ξ 和 η 之比值 ξ/η 将增大，根据前述命题1，政府对基础设施的投资会比社会最优量偏离更远，而用于基本公共服务的支出会更少。

（3）地区禀赋差距较大的情形。前文都假设各地区是同质的，没有考虑各地区的要素禀赋的差距。现假设一个国家共分为 $M+N$ 个地区，其中 M 为禀赋好的地区，其禀赋 $A_i = A_m$；N 为禀赋差的地区，其禀赋 $A_i = A_n$。由此有 $A_m > A_n$，并且 A_m/A_n 的值越大，两类地区的要素禀赋差距越大。

为了比较投资和资本这两类地区的分布情况，联合（4.10）和（4.12）两式，将变量 I_i 和 K_i 进行分离，可分别得 I_i 和 K_i 关于参数 φ 和 A_i 的函数关系式：

$$I_i\ (\varphi,\ Ai)\ = (\varphi^{-\beta} A_i P)^{1/(1-\alpha-\beta)} \qquad (4.16)$$

$$K_i\ (\varphi,\ A_i)\ = (\varphi^{\alpha-1} A_i Q)^{1/(1-\alpha-\beta)} \qquad (4.17)$$

其中，$P = \alpha^{1-\beta} \beta^{\beta} \theta_2^{\beta-1} (1-\beta)^{\beta-1} (1-\tau)^{\beta}$，$Q = \alpha^{\alpha} \beta^{1-\alpha} \theta_2^{-\alpha} (1-\beta)^{-\alpha} (1-\tau)^{1-\alpha}$，它们都是正的常数。（4.16）和（4.17）两式加上市场出清条件 $MK_m\ (\varphi)\ + NK_n\ (\varphi)\ = K$，共同决定市场均衡时的 φ 值，进而决定 I_i 和 K_i。联合（4.16）和（4.17）两式，可得：

$$\frac{I_m}{I_n} = \frac{K_m}{K_n} = \left(\frac{A_m}{A_n}\right)^{1/(1-\alpha-\beta)} \tag{4.18}$$

从（4.18）式可以看出，当 A_m/A_n 增大时，K_m/K_n 和 I_m/I_n 也增大。同时，注意到 $MK_m(\varphi) + NK_n(\varphi) = K$，即资本总量是不变的，因此当 A_m/A_n 增大时，必然使得 K_m 增大而同时 K_n 减小。再观察（4.12）式，$I_i(K_i, A_i)$ 随 K_i 的增大，这意味着 A_m/A_n 的增大也会使 I_m 增大而同时 I_n 减小。

于是，在禀赋条件不对称的条件下，资本的流动会产生两种效应：一种是竞争效应，各地方政府为了吸引资本流入，竞相加大基础设施的投入；一种是极化效应，禀赋差的地区净资本流出，禀赋好的地区资本净流入。如果 A_m/A_n 足够大，禀赋差的地区的基础设施投入在资本可流动条件下会比资本不流动情况下更少。

总之，如果地区禀赋的不对称性很大，禀赋差的地区基础设施投资少，吸引的外来资本也少，从而与资本不可流动情形相比，在资本可流动情形下产出更低；相反，禀赋好的地区基础设施会投入更多，吸引更多的资本，在资本可流动条件下会有更高的产出。某些禀赋较差的地方政府在取胜无望的情况下，也有可能退出资本竞争，转而加大对基本公共服务的投入。

4.3.5　结论与简评

中国的经济改革在某种程度上说就是一种分权改革，既包括政府对企业和个人的经济性分权，也包括中央政府对地方政府的财政分权。但是理解中国财政分权下的地方政府及其官员的行为必须与政治上的集权结合起来考虑。中国地方政府对经济增长表现出极大的热情，提高了人们的总体生活水平，但其负面影响也不容忽视。

这些负面影响不仅包括地方之间恶性竞争导致的重复建设、地方保护主义及生态环境恶化等问题，也包括经济增长背后的政府基本公共服务供给相对不足。

本书通过一个简单的模型揭示出，造成这一现象的根本原因在于中央政府政治激励及财政分权基础上的经济激励条件下，地方政府追求"可视政绩"和自主财政收入的强烈动机。模型设定地区经济产出与资本和投资正相关，推论结果发现，无论是在地区间资本不可流动还是可流动情形下，地方政府为追求效用最大化，其财政支出倾向于加大生产性基础设施投入，而忽视与居民福利直接相关的公共产品投入，这使得整个社会福利水平偏离最优值。在资本可流动情形下，由于地方政府之间的资本竞争，这种结构性偏向表现尤为明显。

理论模型分析还发现，在资本不可流动条件下，中央对地方的财政激励强度和地方的宏观税负强度越大，地方政府越倾向于基础设施投入，而忽视对居民的基本公共服务投入。在资本可流动条件下，地方政府偏向于增加广义的人头税而降低商品税。在税率由中央统一规定的条件下，这在一定程度上可以解释为什么地方政府巧立名目设立各种收费项目，而竞相对外资减免税以及廉价甚至免费提供土地用于招商引资项目。

不过，模型的进一步拓展表明，当地区间经济差距过大时，经济禀赋差的地区有可能退出资本竞争，这使得地方政府的财政支出行为表现更为复杂。

造成这一现象的根本原因在于，在中国政治权力相对集中的体制之下，中央能够显著影响地方官员的偏好与行为。地方官员大力推动经济增长的动力主要来自中央的政治激励与约束，其伴随的一系列成本也是这种机制的结果。中央的政绩考核机制和地方政府追求自主财政收入的动机决定了地方的财政支出结构，即财政支出过度偏向基础设施建设，而用于基本公共服务的支出相对不足。尽管在资本可流动情形下，地方官员有更强的动机降低税率和加大基础设施建设投资，但地区初始发展水平差距意味着地区间吸引资本能力的差异，这可能导致地区间的发展水平差距比资本不可流动情形下更大。在资本流动性大于劳动力流动性的情况下，地方倾向于将财政压力转嫁到劳动所得而不是资本所得之上，这是我国长期以来初次收入分配格局中劳动所得份额偏低的重要原因。

科学发展观的提出对这种非平衡发展趋势有一定调整作用，但这并不意味着中央的政绩考核与经济不相关了。即使直接考核GDP 的分量减轻甚至没有了，但其他"可视政绩"指标仍然与GDP 高度相关，地方政府的支出结构偏向并不会轻易改变。改革开放 40 多年来的经济增长一定程度上可以概括为非平衡的增长（相对于基本公共服务而言），而我们的目标应该是平衡式的增长和共享式的增长。从本书的分析来看，要实现这个目标，除强调科学发展观外，还要在具体操作细则上优化中央对地方的激励方式和政府的治理结构，重构中央、地方、资本所有者、居民多方之间的互动关系。

当然，地方政府的行为远比本模型设定的情形更为复杂。近年来，陆续出现了一些地方政府进行"拼民生"竞赛现象，而且其中还包括部分贫困地区。这其中可能有多种不同的原因，但从模型的拓展中也可发现一些端倪：某些贫困地区有可能退出与发达地区的资本竞争，进而在其他领域——包括基本公共服务领域——与同类地区竞争"可视政绩";另外,当经济发展到一定水平后,包括基本公共服务在内的一些"软件"投入对一个地方的经济增长越来越重要,这也有可能使得地方政府重新认识基础设施投入和基本公共服务投入的关系。

第 5 章

基本公共服务财政保障：财政支出与供给不足的考察

在反思中国基本公共服务供给相对不足的时候，主要存在以下几种观点：一种观点认为这是由经济发展水平决定的。但跨国比较发现，同样是亚洲新兴国家的泰国，其教育支出占财政支出的比例达 20% 以上，卫生支出占 10% 以上[1]；即使人均 GDP 低于中国的印度，其教育支出占财政支出的比例都在 15% 以上，甚至连津巴布韦、蒙古这样的国家这一比例都在 20% 以上[195]。更普遍的观点认为，1994 年分税制改革以后，中国财政分权体制让财力过分集中于中央和上级政府，财权层层上收，事权层层下放，致使基层财力严重不足。本书通过仔细考察地方政府的实际财力，发现这种观点与实际情况有很大出入。无论是"经济发展水平论""财力限制论"，还是"财权（财力）与事权不匹配论"，都难以解释中国基本公共服务供给相对不足的现象。本章将实证考察中国政府，特别是地方政府的财政支出规模与结构，以期对财政支出结构的调整和优化提供思路，为基本公共服务的财力保障提供长效机制。

---

① 数据来源：IMF Government Finance Statistic Yearbook 2008。

5.1 财政支出总量考察

5.1.1 中国财政收入总量分析

毫无疑义，政府提供公共服务必须要有相应的财力作保证。那么，中国政府的财力处于什么水平呢？刻画政府参与国民收入分配程度的指标——宏观税负可以大致衡量中国目前的相对财力水平。对于中国的宏观税负水平，目前尚有较大的争议，原因是中国政府收入结构的复杂性和非正规财政收入衡量的困难。测量宏观税负主要有五种方法①，这里分别考察小口径和大口径宏观税负水平及其国际比较。

IMF 出版的《政府财政统计年鉴》（2009）对 2008 年数据齐全的 53 个国家的宏观税负进行了测算②。按税收收入计算的各国宏观税负基本情况是：23 个发达经济体平均为 27.7%，最高为 47.1%，最低为 14.6%；24 个新兴和发展中经济体平均为 22.7%，最高为 37.7%，最低为 16%。按包含税收和政府非税收入等在内计算的宏观税负，发达国家平均为 43.3%（其中，社会保险缴款占 10.4%），最高为 58.7%，最低为 21.7%；发展中国家和地区平均为 35.6%

---

① 这 5 种方法分别是：①小口径宏观税负。等于税收收入占同期国内生产总值的比重。②经济合作与发展组织（OECD）口径的宏观税负。包括了社会保障缴款的净税收收入占同期国内生产总值的比重。③国际货币基金组织（IMF）口径的宏观税负。包括税收、社会保障缴款、赠与和其他收入的总和占同期国内生产总值的比重。④大口径宏观税负。等于全部政府收入占国内生产总值的比重。⑤美国《福布斯》杂志使用的宏观税负评价方法。

② 该年鉴在有关条目下列出了 134 个国家和地区，其中有 59 个国家和地区基本数据缺失，28 个国家和地区数据未及时更新，年份不可比。

（其中，社会保险缴款占6.9%），最高为52%，最低为21%。

中国政府的收入构成比较复杂，不但包括税收收入、非税收入（预算内）、政府性基金（含土地出让收入）、社保基金缴费等，还包括预算外收入，甚至还有体制外收入。按小口径的税收收入计算，我国同期（2008年）宏观税负水平只有17.3%[①]，与发达国家有较大差距，也低于新兴和发展中国家。但是如果按财政体制内全部收入计算，宏观税负水平达32.1%，接近同期美国（34.4%）和日本（35.1%）的水平。根据中国社科院财贸所发布的《中国财政政策报告2009/2010》的测算，按大口径计算的中国政府财政收入超过10万元，占GDP的比重达32.2%。因此，从总体而言，我国政府的税负水平已接近发展中国家平均水平或发达大国水平，但可以统筹安排用于基本公共服务的公共支出明显低于国外平均水平，这就对一般预算收入的支出结构安排提出了更高的要求。

5.1.2 地方政府财力分析

对于地方政府基本公共服务支出不足的一个"共识"性的解释是，1994年分税制改革以来中央财权越来越集中，而相应的事权和支出责任并没有上移甚至往下推，地方各级政府也将财权集中到上级政府手中，甚至截留中央的转移支付，造成地方财力与事权不对称，基层财政困难，因此没有财力提供基本公共服务。但是这种解释只是看到了财政收入的初次分配，而没有注意到二次分配的结果。就财政收入的初次分配来说，财力与事权的不对称是各国普遍存在一个的正常现象，财政收入初次分配的纵向不平衡只是各国中央政

---

① 本章国内数据如未标明出处，则均取自相应年度的《中国统计年鉴》。

府调节地区间横向财政不平衡的手段，要了解中央与地方财力的最终分配状况还得考察通过政府间转移支付进行财力二次分配后的结果。

首先考察政府预算内中央和地方的财力分配状况。1994年的分税制改革大大增加了财政收入初次分配中中央政府财政收入的比重，中国的财政收入分权度显著降低。地方预算内财政收入从1993年的77.98%骤然降到1994年的44.30%，其后基本保持在47%左右。但从支出来看，地方所占比例不但没有降低反而略有上升，除最低点2000年为65.30%外，1994—2004年的其他年份基本保持70%左右，2004年后在此基础上逐年上升，直到2009年地方财政支出比重已经超过80%。即2004年前约3/4，2004年后超过3/4的钱是由地方政府用出去的。由于地方政府不能直接发债，总体而言债务量比较小，因此地方政府的收支差额大致相当于中央政府对地方的税收返还和转移支付。以2008年为例，地方预算内财政支出的41.83%来自中央的转移性支出，2009年这一比例更高。显然，仅从财政收入的初次分配比例较低就断定地方政府财力不足难免过于草率（见表5.1及图5.1）。

表5.1　中央与地方预算内财政收支比重

年份	收入比重（%）		支出比重（%）	
	中央	地方	中央	地方
1990	33.79	66.21	32.57	67.43
1991	29.79	70.21	32.21	67.79
1992	28.12	71.88	31.28	68.72
1993	22.02	77.98	28.26	71.74

续表

年份	收入比重（%）		支出比重（%）	
	中央	地方	中央	地方
1994	55.70	44.30	30.29	69.71
1995	52.17	47.83	29.24	70.76
1996	49.42	50.58	27.10	72.90
1997	48.90	51.10	27.43	72.57
1998	49.50	50.50	28.95	71.05
1999	51.10	48.90	31.49	68.51
2000	52.20	47.80	34.70	65.30
2001	52.40	47.60	30.50	69.50
2002	54.96	45.04	30.71	69.29
2003	54.64	45.36	30.10	69.90
2004	54.94	45.06	27.71	72.29
2005	52.29	47.71	25.86	74.14
2006	52.78	47.22	24.72	75.28
2007	54.10	45.90	23.00	77.00
2008	53.29	46.71	21.32	78.68
2009	52.42	47.58	19.99	80.01

　　进一步考察地方政府在全部财政收入或全部政府收入中的比重。中国的财政分权有一个特殊现象，除了中央与地方之间的分权外，相当大的一部分财权在政府内部由财政部门向非财政部门的转移，由此形成大量游离于预算体制甚至财政体制以外的政府收入。从收入的性质来看，它们都是各级政府或者政府部门凭借国家权力而取得的收入，但取得收入的程序和法律依据明显具有非正规性。1978—1992 年各级政府的预算外资金主要来自国有企业，1993 年后国有企业折旧基金和税后留利不再作为预算外资金管理，预算外资

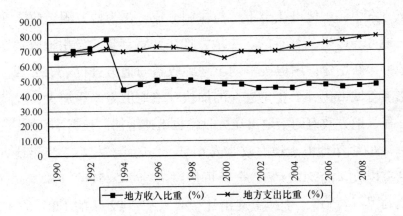

图 5.1 预算内地方财政收支占全国财政收支比重趋势图

金急剧减少，但同时预算外资金中的行政事业性收费却显著上升。尽管 1993 年国家将 80 余项行政事业性收费纳入预算内管理，但未纳入预算内管理的行政事业性收费却由 1992 年的 885 亿元增加到 1993 年的 1318 亿元，增幅达 49%，占当年预算外收入的 92%，此后行政事业性收费开始成为预算外收入的主要来源，这种格局一直延续至今，即使在 1997 年将政府的一些收费项目纳入预算管理后也未得到改变。值得注意的是，尽管国家不断地把一些预算外资金纳入预算内管理，预算外资金仍然"顽强"地增长。预算外行政事业性收费在经过 1993 年的清理后，到 1996 年再创新高。虽然几经整顿并将一些较大规模的政府性基金和行政事业性收费不断纳入预算内管理，但一些收费项目纳入预算内管理后，又有一些新的收费项目被创造出来，预算外资金规模仍然相当大，到 2008 年达 6617 万元，超过全国预算内收入的 10%，而其中 92.6% 为地方收入，占地方预算内财政收入的 21.4%。

值得指出的是，随着城市化进程的推进，国有土地使用权出让收入成为地方政府的重要非正式财政收入来源。在 1994 年的分税制改革方案中，土地出让金不参与体制分成，作为地方固定收入全部划归地方。1998 年修订的《土地管理法》将存量建设用地收益全部归地方，新增建设用地按平均土地纯收益与地方进行三七分成。近年来随着城市化、工业化进程的加快，土地供需矛盾加大，经济价值凸显，地方政府的土地出让金收益也迅速增加。根据平新乔[196]的测算，2004 年地方土地财政收入 6150.55 亿元，相当于当年地方政府预算内收入的 51.71%，全部可用财力的 20.25%。而据陈志勇、陈莉莉[197]的测算，全国土地出让金收入从 2002 年的 1207.67 亿元增至 2007 年的约 1.2 万亿元，年均增长 178.73%。这部分资金在2007 年前既没有纳入预算内管理，也没有纳入预算外管理，地方政府可以自由支配，具体数额也只好依靠各种"测算"了。这部分资金的管理直到 2006 年才引起中央政府的高度重视，规定从 2007 年 1月 1 日起土地出让金全额纳入地方基金预算，实行"收支两条线"管理。从 2009 年十一届全国人大二次会议起，财政部正式报告基金预算情况，披露 2008—2010 年国有土地出让收入分别为 10375.28亿元、13964.76 亿元、29109.94 亿元，相当于当年地方政府公共预算本级收入的 36.21%、42.83%、71.68%，土地财政成为名副其实的地方政府"第二财政"。这部分资金在 2007 年前既不属于预算内，也不属于预算外，属于"体制外"收入，管理非常松散。同属于体制外收入的还有各种名目的制度外基金项目，虽然国家规定各种基金实行中央一级审批制，但实际上自 1990 年以来各地建立的 519 项基金中，只有 37 项符合规定，482 项属于越权审批，占 93%[178]，这笔资金的具体数额无法统计。

自 1994 年《中华人民共和国预算法》颁布以来，我国一直在致力于清理、规范非正式财政收入。大量的预算外基金和行政事业性收费项目纳入到预算内管理，部门预算、基金预算从无到有。2002年农村税费改革取消了"村提留""乡统筹"，2006年起又全面取消农业税，地方政府面临的预算及财经纪律约束大大加强。但中国地方政府预算体制在许多关键点上，比如预算规模的决定、预算的透明性、公共支出结构、对预算的审计与监督等方面，都存在着严重的缺陷，导致地方政府规模仍然不断膨胀，而基本公共服务却捉襟见肘。研究表明，自1994年分税制改革以来，虽然预算内财政收入的初次分配倾向于中央财政，但考虑税收返还和转移支付等财政收入的二次分配，以及大量的预算外甚至制度外收入，地方政府拥有的财力无论从绝对规模还是相对规模来说都大大增加了。无论大口径的财政支出，还是预算内财政支出，地方政府在国家总体财力分配中并不"弱势"（2008年的情况见表5.2），在国际上也是算高的，问题出在结构上。那种认为分税制导致地方收入减少、"财权与事权不匹配"，因而提供公共服务能力不足的说法，就全国总体而言是缺乏根据的，虽然不排除部分以农业为主的地区县、乡财政确实存在困难。

表 5.2　2008 年中央与地方各类财政支出对比

	一般预算支出（亿元）	政府性基金支出（亿元）	预算外支出（亿元）	财政支出合计（亿元）	占全国财政支出比重（%）	占全国 GDP 的比重（%）
中央	13344	2057	402	15803	18.83	5.26
地方	49248	12928	5944	68120	81.17	22.66
合计	62592	14985	6346	83923	100.00	27.91

数据来源：一般预算支出及 GDP 数据来自 2009 年《中国统计年鉴》，预算外支出数据来自 2010 年《中国统计年鉴》，政府性基金支出数据来自《关于 2008 年中央和地方预算执行情况与 2009 年中央和地方预算草案的报告》。

5.2　财政支出结构失衡的一般性考察

考察财政支出结构首先要按某种分析角度对其进行分类。有学者根据财政支出的性质、目的、可控能力和收益范围等，把财政支出分为消耗性支出和转移性支出、预防性支出和创造性支出、可控支出和不可控支出、一般利益支出和特殊利益支出等[198]。中国社科院财贸经济研究所课题组把财政支出按交易的经济性质分为购买性支出和转移性支出，按支出直接用途分为投资性支出和消费性支出，按支出的功能分为一般支出和社会支出等[199]。后一种分类方法较容易从中分析政府用于基本公共服务支出与其他支出之间的结构和比例关系，故以下按这种分类方法对财政支出结构进行一般性考察。

5.2.1　购买性支出与转移性支出

购买性支出是指政府直接在市场上购买物品和劳务而发生的费用。政府通过这类支出直接参与社会资源的配置，对社会生产、就业和社会总需求有着直接的影响，但对国民收入分配的影响却是间接的。在政府总支出额中，若购买性支出的比重较大，说明直接通过财政所配置的社会资源规模较大，公共支出结构履行资源配置的职能较强。转移性支出则直接表现为资金的无偿、单方面转移，包括政府部门用于养老、失业等社会保障，民政优抚救济、补贴等方面的支出。这类支出对国民收入的再分配具有直接影响，但对于生产、就业以及社会总需求的影响是间接的。在政府支出总额中，若转移性支出的比重较大，说明政府活动对国民收入分配的直接影响较大，因而履行调节收入分配的职能也较强。这种分类方法可以从宏观上考察一国政府在多大程度上作为经济主体直接参与经济过程，其职能是偏好于资源配置还是收入再分配。

　　长期以来，我国财政职能的重心偏向于资源配置，表现在财政支出结构上就是购买性支出占一般预算支出的比重长期偏大，而主要体现再分配职能的转移性支出受到挤压。目前中国一般预算支出总额中，购买性支出超过70%，不仅明显高于发达国家45%的水平，也高于发展中国家62%的水平。不可否认的是，1994年分税制改革以来，总体上转移性支出的增长快于购买性支出的增长，二者之间的相对差距逐步缩小。这从一个侧面反映了我国财政支出的再分配功能在增强，财政政策的着力点更加注重社会公平问题，但与国际上其他国家相比仍有优化的空间。中国目前的转移性支出水平与市场经济发达的"小政府"国家（如美国、韩国）相当，但低于主要的转型经济国家。中国作为一个处于转型的经济体，长期的城乡二元经济体制带来了一笔较大的基本公共服务方面的欠账，必须继续加大转移性支出的比例，在社会转型期尤其要避免因安全网的缺乏而付出民生和社会稳定方面的代价。

5.2.2　投资性支出与消费性支出

　　政府在购买性支出中从市场取得商品和劳务，这些商品和劳务可以用于当期消费，也可以形成投资，从而分别被称为消费性支出和投资性支出。1994年以来，购买性支出中的消费性支出总体走向是先下降后趋于稳定。消费性支出从1994年的最高点60%一直下降，到2000年达到最低点48.8%，随后保持略高于50%的水平。而投资性支出占一般预算支出的比重，从1994年的23.3%缓慢下行，保持在 20% 左右水平。也就是说，目前中国政府的购买性支出中，消费性支出与投资性支出的比例约为 5∶2。

虽然近年来我国投资性支出占财政支出的比重略有下降，但仍保持在 20% 左右的较高水平。与中国相比，欧盟 15 国多年来一直稳定在 8% 左右，其中大多数国家低于这一水平。中东欧转型国家虽然普遍高于欧盟 15 国的水平，但自 1995 年以来政府投资性支出一直在下降，总体水平低于我国[199]。

如果对消费性支出再进行细分，则还可以分成两部分：一是政府对外购买商品和服务；二是政府工作人员自身的工资、薪金及福利支出，它是政府提供公共服务的核心成本。在这部分消费里面，哪些是用来为居民提供教育、卫生等公共服务的，哪些是政府部门自身消费（即行政管理费支出）直接关系到政府提供公共服务的水平和成本。目前的统计数据不支持进行国际比较和判断，行政管理费（特别是地方政府行政管理费）迅速膨胀是不争的事实。这表明政府提供公共服务的成本不断攀升，这一趋势值得关注。

5.2.3 一般支出与社会支出

考察财政购买性支出和转移性支出、消费性支出和投资性支出的比重，只是大致判断政府活动的总体趋势和方向，而支出的功能分类能更直接观察到基本公共服务在财政支出中的地位，故作重点考察。

以 2007—2009 年按功能分类的平均财政支出比重为例（见表 5.3），中国政府财政支出比重排名前三位的分别是：经济事务支出（占 21.24%）、一般公共服务支出（占 14.94%）、教育支出（占 14.08%）。而大部分 OECD（经济合作与发展组织）国家排名前三位的支出分别是：社会保障支出、健康支出、教育支出（部分国家一般公共服务支出排前三，转型三国经济支出也较大），尤其社保支出远超其他支出，而经济性支出普遍在10%以下或10%左右。这意味着，平均而言，OECD国家前三项主要支出均为社会性支出和投资于人力资本的支出。而我国前三位的财政支出主要用于经济事务和一般公共服务，其中经济性支出超过财政总支出的五分之一。

社会领域中唯有教育支出在总支出中占有较大份额，其占GDP的比重尽管近年来逐步增大，但仍然处于较低水平，直到2009年才首次突破3%，占到GDP比重的3.07%。这不仅远低于世界发达国家约6%的平均水平（美国2008年为6.43%），也低于一般发展中国家4%的平均水平。

几乎所有国家的社会保障支出都排第一位（美国的健康支出略高于社会保障支出），但中国的社会保障支出排第四，仅占财政支出的10.91%。2007—2009年总支出为19858亿元，只占同期GDP值的2.16%。OECD国家近年社会保障支出占GDP的比重平均在20%左右。即使财政支出占GDP比重和社会保障支出占财政支出比重相对较低的美国也远高于我国，其2008年的社会保障支出占GDP的7.51%。

医疗卫生支出情况与其他国家相比差距更大。在所有的支出项目中排列倒数第四，甚至低于"其他"支出。2007—2009年医疗卫生支出占财政支出的比重平均为4.63%，而表中所列所有OECD国家都超过10%，有些国家甚至超过20%，稳居支出比重前二位（只有转型三国排第四位）。与一国的经济总量相比，同期中国卫生支出占GDP的比重不到1%，仅为0.95%，而OECD国家平均占5%左右。

从以上支出结构的对比分析可以看出，尽管近年来国家强调经济与社会统筹兼顾、协调发展，财政支出结构重经济建设和物质资本投资、轻社会建设和人力资本投资的基本格局仍然没有从根本上改变。这一支出结构上的偏向是中国社会建设落后于经济建设，与居民福利直接相关的基本公共服务供给相对不足的重要原因。在经济连续保持30多年快速增长的同时，社会发展滞后已经是人们福利改善的最大制约因素，财政支出结构向社会建设和人力资本转型的任务仍然十分艰巨。

表5.3　部分 OECD 国家与中国按功能分类财政支出结构比较（%）

	英国	法国	德国	日本	美国	北欧三国	转型三国	中国
一般公共服务	9.40	13.19	13.34	12.75	12.58	12.60	14.20	14.94
国防	5.35	3.33	2.43	2.51	11.67	3.21	2.51	6.72
公共安全	5.53	2.37	3.55	3.89	5.64	2.28	4.41	6.51
经济事务	8.46	5.49	7.41	10.14	10.18	7.60	13.29	21.24
环境保护	2.10	1.60	1.13	3.38	0.00	1.02	1.67	2.32
住房与社区事务	2.65	3.63	1.71	1.66	2.25	1.34	2.47	6.66
健康（医疗卫生）	16.12	14.83	14.31	20.07	20.60	15.01	12.75	4.63
娱乐、文化与宗教	2.31	2.90	1.39	0.33	0.79	2.68	2.93	1.80
教育	13.63	11.10	9.24	10.62	16.42	13.24	11.52	14.08
社会保障	34.44	41.56	45.49	34.65	19.87	41.00	34.25	10.91
科学技术								3.53
其他								6.66

注：OECD 国家的数据来自 OECD 官方网站，数据页的具体地址为：http://stats. oecd. org/Index. aspx? DatasetCode = SNA_ TABLE11。表格中数据取值均为2007—2009年的三年平均数。其中北欧三国为丹麦、挪威、瑞典，转型三国为波兰、匈牙利、捷克，分别取各个国家的2007—2009三年平均比重，然后再取三个国家比重的简单平均值。中国2007年政府收支分类改革后，科目体系基本上与国际接轨。该表中国的数据来自2008—2010年《中国统计年鉴》中"中央和地方主要财政支出项目"，其中，一般公共服务包含外交，经济事务包含农林水、交通运输、工商金融。"娱乐、文化与宗教"在中国的支出分类中为"文化、体育与传媒"，"健康"在中国为"医疗卫生"，口径或者用语上略有差异。"科学技术"支出在中国单列，在国际分类中科学技术支出分布于其他各类支出中。另外，中国还多一个"其他支出"。

5.3　财政分权、城市化与地方财政支出结构失衡的实证分析

5.3.1　已有研究述评

目前关于财政分权对其他经济变量的影响的实证研究文献很多，特别是关于财政分权对经济增长的影响研究。但相对来说，关于财政分权对政府公共支出结构影响的实证研究较少，而且以财政分权对某一类公共支出影响的研究成果居多。财政分权是否有利于提高教育、卫生、社会保障等具有社会福利性质的基本公共服务支出水平，还没有得出一个被普遍接受的一般性结论。

国外多数关于财政分权对支出结构影响的实证研究表明，财政分权与政府竞争有利于提高诸如教育、卫生、社会保障等公共服务的支出水平。Zhuravskaya[129]对俄罗斯的研究表明，财政分权增加了地方政府对教育、卫生的投入。Faguet[200]对玻利维亚的面板数据研究发现，分权强化了政府对居民公共物品需求反应的灵敏度，人力资本和社会服务方面的投资得到了显著改善。但是 Bardhan[131]指出，一些国家因为制度背景不同，分权并不会产生应有的效果。这些国家因为人口的流动性有限、公众对政府的监督乏力、地方政府官员的问责机制不完善以及征税的技术水平和管理能力较低等原因，地方政府财政收支之间的联系并不紧密，财政分权反而可能加剧地方政府被利益集团俘获的程度，从而导致利益集团以外的民众负担更多的税收成本。

　　大部分对中国的实证研究显示，财政分权与基本公共服务支出水平负相关。West 和 Wong[201]的研究发现，中国的财政分权导致配置在卫生、教育方面的公共支出减少，特别是在贫困地区，明显恶化了当地居民的福利状况。乔宝云等[202]则实证研究了 1978 年以来的财政分权改革与中国义务教育的关系，发现财政分权并没有增加小学义务教育的有效供给。他指出，西方通行的财政分权促进社会福利水平提高的机制在中国并不发挥作用，尤其是人口流动障碍及其地区性差异导致地方政府行为向追求资本投资和经济增长的方向转变，相应挤占了义务教育等外部性较强的准公共产品性质的财政支出。傅勇、张晏[188]利用 1994—2004 年的省级面板数据检验了财政分权对基本建设和教科文卫总支出的影响，并认为是中国的财政分权和基于政绩考核下的政府竞争，造就了地方政府公共支出结构"重基本建设、轻人力资本投资和公共服务"的明显扭曲，在政治集权基础上的中国式分权激发了地方政府"为增长而竞争"。张恒龙、陈宪[203]认为，财政分权导致地方政府以招商引资为目的的财政竞争愈演愈烈，竞争手段从单一的税收优惠转变为税收优惠基础上的公共支出竞争，并通过实证分析证实各地区吸引的外商直接投资占全国的份额与公共服务水平、卫生服务水平负相关，而与基础设施水平正相关①。

　　从上述学者的研究现状来看，主要有如下特点：第一，要么考

---

　　① 在该文中，作者用公共供给指数表示地方政府的公共产品提供水平，这个指数由各地区人均财政支出水平指数、基础设施水平指数、公共服务建设水平指数、教育服务水平指数、卫生服务水平指数等五部分组成。其中基础设施水平指数是城市人均用水普及率、城市人均煤气普及率、城市人均道路铺装面积等三个项目组成；公共服务建设水平由城市人均绿化面积、每万人拥有公交车辆、每万人拥有公厕等三个项目组成，这种分类方法所涉及的"基础设施""公共服务"等概念与通常的理解有所区别。

察财政分权对某一单项支出指标的影响，而不是考察支出结构；要么在支出类别的划分上比较笼统，如生产性投入与非生产性投入、"硬件"建设投入与"软件"建设投入、基本建设投入与公共服务投入等，而其中对"软件""公共服务"等概念的内涵界定过于宽泛，不能确切反映财政分权对本研究所界定的基本公共服务支出的影响。第二，没有考虑城市化快速发展对公共支出结构的影响，而这恰恰是中国经济从计划经济向市场经济转型过程所伴随的一个重要现象，它对地方政府的行为产生了重要影响。第三，大多数学者在提出优化财政支出结构的建议时，仅仅就财政分权是否促进公共服务的提供来建议提高或降低地方财政支配权，或者片面强调官员政治晋升考核机制的作用，而这种推论性的建议并没有确切的依据。要真正提出可行的建议，需要从影响地方政府行为的综合因素入手，考虑城市化快速发展的背景，并且对基本公共服务的内涵有清晰的界定，这是本书重要的一个与其他学者不同的视角。

本书在前人研究的基础上，拟对财政分权对公共支出结构的影响做一个较为全面的考察：首先，同时也是创新之处在于，着重考虑了中国城市化快速发展这一重要背景的影响，弥补了现有文献在这方面的不足。因为中国的城市化是在计划经济体制时期形成的城乡二元经济结构及公共服务结构基础上，由市场和政府双重力量叠加而形成的，这就造成了中国基本公共服务供给机制的复杂性。其次，基于本研究的目的，重点考察了财政分权和城市化对教育、卫生、社会保障等基本公共服务的影响，并与基本建设支出、行政管理支出进行对比，而不是各人都有不同的理解的"公共服务""软件建设"等。最后，在对影响地方政府公共支出的因素进行综合考察的同时，对有关变量的操作指标进行了优化设计。公共支出的主要影响因子——财政分权指标是一个有着很大争议的指标，本研究在对目前财政分权指标度量的各种方法进行了较系统梳理的基础上，分别采用财政收入分权和财政支出分权两个指标并进行了细化。对被认为与地方政府行为激励密切相关的财政竞争指标纳入了分析模型，按照多数学者的做法用招商引资作为代理变量，但扣除了各地经济总量对招商引资额的影响，这样更能反映实际的竞争程度。

5.3.2 数学模型、变量选择及数据来源

在财政分权对支出结构的影响的研究中，被引用较多的是 Granado，Martinez-Vazquez 和 McNab[204] 与 Fiva[205] 的文章。Granado，Martinez-Vazquez 和 McNab 研究了财政分权对地方教育和卫生支出比重的影响，在他们的模型中，除了财政分权变量外，还采用了人均GDP、人口总数和人口密度等控制变量。Fiva 的模型分别研究了税收分权和财政支出分权对 OECD 中的 18 个国家的政府规模、转移支付、消费支出等的影响，主要采用 GDP 水平、失业率、城市化水平、人口等变量。基于本书的研究目的，借鉴他们的研究成果，构造如下回归模型：

$$Y_{it} = \beta_0 + \beta_1 \text{PGDP}_{it} + \beta_2 \text{PGDP}_{it}^2 + \beta_3 \text{FD}_{it} + \beta_4 \text{URB}_{it} + \beta_5 \text{COMP}_{it}$$
$$+ \beta_6 \text{POPD}_{it} + \beta_7 \text{DUM07} + \varepsilon_{it}$$

其中，下标 i 和 t 表示第 i 个省份第 t 年的数据。Y 为教育支出（EDU）、卫生支出（HEAL）、社会保障支出（SSEC）、基本建设支出（INF）、行政管理支出（ADM）占地方本级预算内财政支出的比重，分别代表 5 个需要考察的因变量。PGDP、FD、URB、COMP、POPD 分别为人均地区生产总值、财政分权度、城市化率、政府竞争度、人口密度等自变量，DUM07 为年度哑变量（其意义见下文说

明），ε_{it} 为残差项。β_0 为截距项，$\beta_1 \sim \beta_7$ 分别为各自变量系数项。自变量指标的选取至关重要，本研究在前人研究成果的基础上，对其中需重点考察的自变量指标进行了优化，以期能提高其解释力。

（1）财政分权度（FD）。财政分权在这里是最重要的解释变量，也是目前学界仍有较大争议的指标变量。测量财政分权度的困难，首先在于各级政府的自有收入与支出之间并非对称，收入指标和支出指标哪个更合理没有定论；其次，中国政府的收支结构具有特殊的复杂性，不仅有预算内收支还有预算外收支甚至体制外收支，地方政府对于预算内外收支的支配自主权有明显差异，而体制外收支根本无法统计；第三，由于资金实行分类管理，即使是预算内收支，下级政府对于来自上级政府的转移性收入因各类资金的性质不同而有不同的自主支配权。因此，目前财政分权指标的构造方法有较多的争议[153,206]。但大致来说，不外乎两种。一种是把自身的净收入与自身的总收支相比较。如，lin 和 liu[207] 用各省预算内收入的边际分成率刻画财政分权度，而陈硕[208] 则用一个省的财政净收入在该省财政总支出中的比重表示。这种方法考虑了地方对自身净收入的自主支配权力大，但上级转移资金并非都是指定用途的专项资金，随着一般性转移支付资金比重的增加，地方政府对其中大部分资金还是有支配权的，因此仅仅用净收入代表地方的资金自主权还是不够的。另一种用得更多的方法是用各省财政收支与中央财政收支进行对比。例如，黄君洁[209]，傅勇、张晏[188]，宋小宁、苑德宇[160] 用各省预算内人均本级财政支出与中央预算内人均本级财政支出的比例来衡量财政分权。这个方法因分母完全相同，容易造成多重共线性问题。Zhang 和 Zou[210] 则直接取各省预算内外总支出与中央总支出之比。这种方法意味着财政分权度完全取决于该省的支出水平，没有考虑到人口和经济规模的大小。张晏、龚六堂[211]甚至构造了四类财政分权指标，通过对转移支付、预算内外资金和财政收支的不同处理，分别从不同角度刻画了财政分权。王文剑[212]、乔宝云等[202]则用各省人均预算内财政支出与中央及本省人均预算内财政支出之和的比值表示。它既考虑了各省的经济与人口规模，又简单易行，因此本书采取这种方式度量财政分权，不过区分财政收入分权和支出分权两种情况，并分别用 FD1 和 FD2 表示财政收入分权度和支出分权度。

$$\text{财政收入分权度（FD1）} = \frac{\text{各省人均预算内本级财政收入}}{\text{各省人均预算内本级财政收入} + \text{中央人均预算内本级财政收入}}$$

$$\text{财政支出分权度（FD2）} = \frac{\text{各省人均预算内本级财政支出}}{\text{各省人均预算内本级财政支出} + \text{中央人均预算内本级财政支出}}$$

由于我国政府存在大量的预算外、体制外收支，地方的事实分权度高于用预算内财政收支指标度量的财政分权。从这个意义上说，我们可能低估了财政收支的分权程度，但预算内财政收支分权仍不失为一个重要考察角度。

（2）城市化率（URB）。这里的城市化率就是城市人口占总人口的比率。但是我国关于城市人口和乡村人口的划分标准却多次调整，致使口径不一，并且很多省市数据残缺不全。这里所选取的6个省城乡人口数据齐全，并且按照 2006 年国家统计局《关于在统计上划分城乡的暂行规定》的口径进行了调整。城市是人口聚集的地方，可以集中提供公共设施，发挥规模经济优势，降低公共服务设施的人均成本。城市化对基础设施和基本建设的需求较大，在一定的财力水平下，对基本公共服务会产生挤出效应。但由于我国长期以来实行城乡二元的基本公共服务保障体制，保障水平相差较大，城市化增加了地方政府供给基本公共服务的压力，因此城市化对各项基本公共服务的影响需通过实证研究结论才能判断。

（3）人口密度（POPD）。它为各省城乡总人口与其面积的比值。与城市化率相类似，人口密度大的地区具有规模经济优势，公共物品能够得到充分利用，公共物品的成本能够更多地得到分摊，有可能影响公共支出结构。

（4）人均地区生产总值（人均 GDP，PGDP）。瓦格纳（Wagner）定律表明，公共服务支出与经济发展水平具有较强的相关性。我国作为一个发展中的大国，东、中、西部之间经济发展水平差距巨大，而且处于经济发展的不同阶段。东部沿海地区整体上已步入工业化中期，而中、西部地区还处于工业化的前中期，这必然影响居民对公共服务需求的水平和结构，因此模型中引入了人均 GDP 指标。为了检验财政支出结构是否随经济发展水平而出现不同的非线性特征，模型还加入了实际人均 GDP 的平方项。为了消除价格因素的影响，须用 GDP 指数将各年的 GDP 现值化为可比值。由于本模型1998—2008 年各省 GDP 数据来自《新中国 60 年统计资料汇编》，该统计资料中的 GDP 指数是以 1952 年为基期，因此用以 1952 年为基期的 GDP 指数求得各省 1998—2008 年按 1952 年不变价计算的 GDP值。然后再利用 2010 年《中国统计年鉴》查到各省 2009 年相对于2008 年的环比 GDP 指数，从而也可以得出各省 2009 年相对于 1952年的 GDP 指数。

（5）政府竞争度（COMP）。地方政府处于竞争的环境之下，而竞争的一个重要形式就是财政竞争，因此地方政府的竞争行为必然影响财政支出结构。在经济增长目标的驱动下，"招商引资"，尤其是吸引外商直接投资成为地方政府的主要任务。地方政府为吸引外商直接投资（FDI）导致政府支出偏向于基础设施和生产性支出。

有的研究以税收竞争刻画地方政府在经济竞争上的努力程度，认为通过越权减免税和提供优良的基础设施来提高招商引资的吸引力，是地方政府间竞争的主要途径，并用各地区外资企业的相对税率作为代理变量[188,213]。这种方法的不足之处是，因实际相对税率的数据不可直接获得，现有的方法换算过程比较复杂，且没有考虑实际操作中经常出现的出口退税、延长减免税优惠期限等对实际税率的影响。张军等[133]用各省实际吸收的 FDI 作为度量地方竞争力度的代理变量。但 FDI 受国际、国内经济环境等因素影响较大，其绝对数量难以有效衡量各地吸引外资的努力程度。郑磊[195]则以各省实际利用 FDI 占当年全国实际利用 FDI 的比重作为衡量地方政府竞争度的代理变量，这样做的好处是免去了将 FDI 外币值换算成人民币值并进行物价调整的过程。但是这种方法没有考虑各省经济总量的不同，因为对于一个经济总量很小的省来说，即使占全国实际利用 FDI 的比重较小，也并不意味着该地方的竞争努力程度较低。因此，较好的办法是用各省实际利用外资额占该省 GDP 的比重衡量其政府竞争度。但这个指标仍有不足的是只考虑了横向竞争程度，没有考虑不同时期的竞争程度差异，因此本书采用各省实际利用外资占该省 GDP 的比重与全国单位 GDP 实际利用外资额之比值来衡量各省的竞争努力程度。即：

$$政府竞争度（COMP）= \frac{各省实际利用外资额/各省当年 GDP}{全国实际利用外资额/全国当年 GDP}$$

（6）哑变量（DUM07）。需要说明的是，由于 2007 年我国政府进行了财政收支科目分类改革，相应功能性支出科目进行了调整。其中基本建设支出科目已经取消，2007 年以后的数据已无法获得，因此基本建设支出数据样本区间为 1998—2006 年。为慎重起见，除基本建设支出分析模型外，其他 4 种支出的分析模型均加入哑变量 DUM07，以控制 2007 年以后支出科目调整对分析结果可能产生的影响，即 1998—2006 年 DUM07 取值为 0，2007—2009 年 DUM07 取值为 1。

　　这里使用的是 1998—2009 年的江苏、浙江、湖南、湖北、甘肃、青海东中西部各 2 个共 6 个省的省际面板数据①。各变量数据均来自相应年度《中国统计年鉴》及《新中国 60 年统计资料汇编》，但 2009 年各省实际利用外资额数据（计算政府竞争度要用到的原始数据）来自各省 2010、2011 年统计年鉴。由于面板数据模型同时考虑了样本时间和截面数据两个方面的信息，残差可能存在截面异方差性和同步相关性，传统的普通最小二乘（OLS）估计不再适用，而似不相关回归（SUR）的加权最小二乘是可行的广义最小二乘（GLS）估计量，因此本书采用了似不相关回归估计，以便消除异方差和序列相关现象的影响。本书使用的软件为 Eviews。

5.3.3　统计描述与计量结果分析

（1）统计描述

表 5.4 列出了与回归分析相关的各变量的统计描述。

表 5.4　变量统计描述

变量名称	观测量	最大值	最小值	平均值	标准差	变异系数
教育支出	72	0.2125	0.0970	0.1596	0.0273	0.1713
卫生支出	72	0.0742	0.0274	0.0496	0.0116	0.2335
社会保障支出	72	0.2562	0.0237	0.1335	0.0592	0.4433

---

①　应隐名预评审专家的要求，已将数据表附于正文后的附录 B。

续表

变量名称	观测量	最大值	最小值	平均值	标准差	变异系数
基本建设支出	54	0.2951	0.0489	0.1035	0.0507	0.4895
行政管理支出	72	0.2782	0.1285	0.1842	0.0351	0.1903
人均GDP	72	9.2920	0.9015	3.0905	2.0781	0.6724
财政收入分权	72	0.6324	0.2578	0.4323	0.1230	0.2845
财政支出分权	72	0.8843	0.5490	0.7197	0.0785	0.1090
政府竞争度	72	3.2238	0.0321	1.0464	0.7772	0.7427
城市化率	72	0.5790	0.2352	0.3969	0.0932	0.2347
人口密度	72	752.92	6.98	316.17	245.11	0.7752

从表5.4中可以看出，基本建设、社会保障支出的变异系数均较高，卫生、行政管理、教育支出相对较低，这说明我国各地区前两项支出时空差异较大，后三项相对较小。解释变量中，人口密度、政府竞争度和人均GDP的变异系数很高，达到0.6以上，财政收入分权和城市化率也较高，足以对被解释变量的时空差异性做出解释。财政支出分权变异系数相对较低，说明中央集中的财政收入通过转移支付使地方财政的支出更加均等。

（2）计量结果分析

本书采用固定效应法对各变量系数进行估计①，计量结果见表5.5。

①财政分权对政府财政支出结构的影响。前文已经分析，在中国式的财政分权体制下，地方政府财政支出会偏向于基本建设等

---

① 伍德里奇（J. M. Wooldridge）指出，在面板数据方法的某些应用中，我们不能把样本当作一个大总体中的随机样本，特别是在观测单位是在很大的地理单位时（比如州或省）。对使用总量数据的政策分析而言，固定效应几乎总比随机效应更令人信服。详见伍德里奇.计量经济学导论（下册）.费剑平译.第三版.中国人民大学出版社，2007：477-481.

"硬件"方面，而忽视教育、卫生、社会保障等"软件"方面的投入。那么实证研究是否支持这一论点呢？从表 5.5 可以看出，无论是财政收入分权（FD1）还是财政支出分权（FD2），对教育支出占地方政府本级财政支出的比重都有负面影响。对于卫生支出的影响而言，财政收入分权影响不明显，但支出分权的影响显著为负。而无论是财政收入分权还是财政支出分权，对社会保障支出份额都有非常显著的负面影响。其中，影响最大的一项为财政收入分权对社会保障支出的影响，财政分权每增加 1 个百分点，社会保障支出就会减少 0.684 个百分点。这些数据表明，当中央政府赋予地方政府更多的收入自主权或者将更多的支出责任下放给地方政府并赋予更大的支出自主权时，会促使地方政府更加偏向于教育、卫生和社会保障等以外的投入，基本公共服务并没有纳入地方政府的优先支持领域。相反，无论是财政收入分权还是支出分权对基本建设支出都有正面激励作用，特别是支出分权的影响尤为显著：支出分权每增加 1 个百分点，基本建设支出所占比重就会增加 0.466 个百分点。财政分权对行政管理支出的影响却发生了两种不同趋向：收入分权程度越高，行政管理支出比重越大；支出分权程度越高，行政管理支出比重越小。

财政分权对各项支出的影响实证分析结果验证了前述理论模型分析的结论，即财政分权对有利于地方政府经济增长目标的基础设施建设等有正面激励作用，而对教育、卫生、社会保障等基本公共服务有负面激励作用。没有预料到的是，财政收支分权对行政管理支出产生了相反的结果。收入分权对行政管理支出的正面影响意味着，在公共财政收入分配中地方政府分成越多，越倾向于增加政府部门自身日常开支的比重；而支出责任越倾向于地方政府，地方政府越倾向于节约行政开支。这个结果与周业安[214]、李婉[215]的研究基本一致，他们发现地方政府的支配的财政规模越大，行政管理费用占财政支出的比重反而越低。他们对产生这一现象的原因解释为，地方政府在机构设置和人员经费的确定上自主权不够。但在一定的收入分权条件下地方政府支出规模越大意味着转移支付的规模越大，这说明相对于地方政府自有资金，中央的转移支付资金用于地方政府自身行政支出的比例相对较小。这与Oates[216]得出的转移支付规模越大，地方政府规模越大的结论相反。

②城市化对财政支出结构的影响。从表5.5中的城市化率变量（URB）对纵列各财政支出变量的影响来看，其结果都是显著的。城市化影响最大的支出项目是基本建设支出，在控制财政支出分权等变量的影响情况下，城市化程度每提高1个百分点，基本建设支出占财政支出比重就会提高0.54个百分点。与此同时，城市化对各类基本公共服务的影响不一，对教育、卫生支出产生负面影响，而对社会保障支出的影响为正。城市化也减少了行政管理支出的比重。城市化过程既是人口集中的过程，也是基本建设加快发展的过程，上述实证结果反映了这一特点。在中国的城市化过程中，虽然地方政府采取了多种融资手段进行城市基本建设，但政府财政对基本建设的支持压力也在增大，造成了对其他支出的挤压。城市化对教育、卫生的负面影响，有城市建设挤压的原因，另一方面也说明地方政府对城市化过程中产生的大量流入人口的教育、卫生等方面的基本公共服务供给不足。相对来说，在城市化过程中社会保障的压力更大，虽然对新流入城市的人员社会保障供给也不足，但相对于其流入前的农村低保障甚至无保障还是要多些。

③其他因素对财政支出结构的影响。从经济发展水平（代理变

量为 PGDP）来看，卫生和社会保障支出比重都随人均本地生产总值的增加而增加，对教育支出比重的影响不具有显著性。因此，总体上来说，经济发展水平越高，基本公共服务支出水平也越高，但影响有限。行政管理支出作为政府提供公共服务的成本，经济发展水平对其影响也与卫生、社会保障支出类似。经济发展水平对基本建设的影响为负，说明经济越落后的地区基本建设的压力越大。从地方政府竞争（代理变量为 COMP）来看，其对教育、卫生、社会保障和行政管理支出影响总体不显著，或者有负面影响但系数非常小，但对基础设施建设投入有显著的正向影响，这在实证上验证了竞争会促使地方政府形成偏向于基本建设的投资倾向。从人口密度（代理变量为 POPD）来看，其对教育、卫生、社会保障及行政管理支出的影响均不显著或者影响系数非常小，对基本建设投入有一定负面影响，这可能是人口密度大的地区进行基本建设具有集聚经济或规模经济效益的影响。

表 5.5　财政分权、城市化对地方财政支出结构的影响

	教育支出		卫生支出		社会保障支出		基本建设支出		行政管理支出	
常数项	0.108 (1.27)	0.112 (1.30)	0.114*** (3.81)	0.066** (2.38)	0.034 (0.38)	0.298*** (3.53)	0.696*** (5.29)	0.679*** (16.98)	-0.183*** (-2.80)	-0.121 (-1.63)
人均 GDP	-0.005 (-1.17)	0.004 (0.85)	0.003* (1.68)	0.006*** (2.71)	0.029*** (4.16)	0.064*** (9.08)	-0.067*** (-4.53)	-0.098*** (-16.37)	0.011 (1.55)	0.026*** (3.59)
人均 GDP 平方项	$-9.8E-5$ (-0.21)	$-8.0E-4$ (-1.47)	$-5E-5$*** (-3.62)	$-6E-4$*** (-3.18)	-0.002*** (-3.55)	-0.005*** (-8.45)	0.007*** (4.21)	0.009*** (15.59)	-0.002*** (-2.80)	-0.002*** (-3.98)
财政收入分权度	-0.074*** (-2.78)		0.002 (0.40)		-0.684*** (-17.74)		0.046*** (4.08)		0.092** (2.55)	
财政支出分权度		-0.071** (-2.16)		-0.018*** (-4.90)		-0.431*** (-9.14)		0.466*** (22.90)		-0.198*** (-3.38)
政府竞争度	-0.001 (-0.68)	-0.001 (-0.58)	-0.004*** (-3.45)	-0.005*** (-5.80)	-0.015*** (-3.61)	-0.011*** (-3.45)	0.031*** (5.96)	0.030*** (11.54)	0.004 (1.08)	0.004 (1.01)

续表

	教育支出		卫生支出		社会保障支出		基本建设支出		行政管理支出	
城市化率	-0.110**	-0.111**	-0.104***	-0.102***	0.111**	0.190***	0.314***	0.542***	-0.113**	-0.122***
	(-2.04)	(-2.16)	(-6.66)	(-8.202)	(2.47)	(4.55)	(3.19)	(19.03)	(-2.31)	(-3.21)
人口密度	4.0E-4	4.0E-4	2.2E-4	3.5E-5	0.001***	-4.5E-4	-0.002***	-0.003***	0.001***	0.001***
	(1.22)	(1.37)	(0.97)	(0.38)	(3.19)	(-0.61)	(-4.15)	(-17.98)	(4.29)	(3.41)
哑变量 (DUM07)	0.033***	0.034***	0.018***	0.017**	-0.035***	-0.012***			0.071***	0.072***
	(16.5)	(14.6)	(11.96)	(8.60)	(-8.72)	(-2.99)			(12.08)	(11.78)
Obvs	72	72	72	72	72	72	54	54	72	72
AdjR²	0.9548	0.9650	0.9523	0.9688	0.9759	0.9361	0.9093	0.9364	0.9347	0.8872
F-stat	115.47	121.78	109.35	169.51	220.38	80.29	68.28	71.98	78.54	43.60
D-W	1.5965	1.6061	1.8015	1.5926	2.0851	1.6730	2.0850	1.9933	1.6112	1.6944

注：(1) *** 表示显著性水平在1%以下，** 表示显著性水平在5%以下，* 表示显著性水平在10%以下。(2) 括号内的数字为 t 统计量。

5.3.4 结论与启示

上一章从理论上分析了城市化进程和财政分权对地方政府行为的影响，并构建了一个模型进行了推演。这里通过东、中、西部共6个省的面板数据实证分析对前文的理论模型进行了经验检验。

实证结果表明，由财政分权引发的政府竞争确实使地方财政总体上偏向于基本建设，而忽视教育、卫生和社会保障等基本公共服务支出，无论是在收入分权方面还是在支出分权方面都是如此。但没有预料到的是，财政收入分权和支出分权分别对行政管理支出产生了相反的结果：收入分权对行政管理支出产生正面影响，而支出分权对行政管理支出产生负面影响。

本研究关注的另一重要变量——城市化水平对各支出项目的影响也是显著的，验证了第三章理论分析的基本结论。尽管城市基础设施建设有多种融资渠道，但财政投入依然是重要因素，表现在城市化与基本建设支出有显著正向相关性。在基本公共服务支出方面，城市化的影响有一定差异性：与教育、卫生支出负相关，而与社会保障支出正相关。这一方面反映了城市建设对教育、卫生的挤出效应，也反映了城乡社会保障水平的巨大差距对政府造成的供给压力。

这样的实证结果意味着，在分税制财政体制下，虽然财政收入相对集中于中央，但是中央通过转移支付的形式保证了地方对经济增长收入的分享，同时地方保持了较大的支出分权度，地方政府为追求"可视政绩"，财政投资偏向于基本建设，造成经济与社会发展失衡。可以从中得到的启示是，我们得承认财政分权对经济增长的贡献，但随着发展进程的推进，这一体制框架也应做适应性调整。至少在这两个方面有待调整优化：一是适当划分各级政府的基本公共服务支出责任。基本公共服务具有很高的同质性，其供给具有规模经济特征，并且还具有较大的收入分配效应，基层政府供给的积极性不高，可以考虑由国家制定统一的最低标准，由较高层次的政府（中央和省级政府）承担主要支出责任。二是加强财政管理和监督，进一步规范地方政府收支行为。由于预算管理体制的不完善，地方政府开辟种种非正规收入来源的做法屡禁不止，大量收入游离于预算外甚至体制外。同时，预算的编制和执行透明度和监督力度不够，即使是预算内收入，预算与决算之间的出入也非常显著，致使本应用于基本公共服务的支出很容易被挪作他用。加强地方政府财政收支管理，实行全口径预算，是保障基本公共服务支出的必要手段。

从实证分析得到的另一启示是，城市化的快速发展对地方政府提供基本公共服务保障的能力提出了较高的要求。在城市化进程中，一方面，居民对教育、卫生、社会保障等基本公共服务的数量和质量要求提高了；另一方面，对城市基础设施等硬件方面的投资需求也相应增加，这需要政府很好地平衡二者之间的关系。同时，地方政府在城市化过程中也可以获取相应收入，在某种程度上减少了其支出的压力。问题的关键还是在于地方政府投入基本公共服务的激励不够。因此在加强财政管理的同时，可以考虑规定地方政府在城市建设中获得的收入（如土地出让金收入），必须按一定比例提取用于基本公共服务支出（如保障性住房建设支出）。

第 6 章

基本公共服务财政保障：转移支付与供给不均的考察

6.1　转移支付与公共服务均等化

市场机制的运行会使资产、信息和知识技术水平不同的个人产生巨大的经济差距，即使一个社会具有充足的公共产品和服务供给，那些陷入贫困的群体也往往难以分享与其他群体同等的公共产品和服务[217]。目前学者们提出公共服务均等化的解决方案主要有三种：改变干部政绩考核机制，建立财力与事权相匹配的财政体制，实行均等化的转移支付。改变政绩考核机制着重解决的是公共支出结构偏向引起基本公共服务供给不足的问题；而财力与事权不匹配在财政收入的初次分配中是正常现象，可以通过政府间转移支付来解决。因此，解决基本公共服务均等化问题主要应依靠转移支付来实现。

6.1.1　转移支付的财政均衡功能

在一个具有多级政府的国家中，政府间的转移支付是其财政体制的必要组成部分。根据公共经济学和财政分权理论，转移支付存在的必要性在于三个方面：一是公共产品的外部性。这是指一个地区居民的公共产品的成本付出与其获得的收益可能存在不对称性，其提供的公共产品除惠及本辖区外，往往还会让辖区外的居民受益。如果没有相应的调节补偿机制，会损害地区之间的公平，也会影响公共品的供给。二是不同级次政府间的财政纵向非平衡性。相对于中央政府，通常地方政府税基较小，在国家财政收入的初次分配中所占份额与其承担的公共服务支出和管理责任不对称，因此需要中央政府的转移支付来弥补其公共收支缺口。不过，某些时期也有相反的情况①。三是各地区之间财政横向非平衡性。出于公共服务均等化的考虑，国家应当让不同地区的公民尽可能享有大致均等的基本公共服务。在这三个方面中，对于公共产品外部性的考虑，其目的仍是平衡不同地区居民的利益；而转移支付对纵向非平衡的调整过程中，需要重点考虑的原则就是平衡各地的财力差距。因此，地区间财政横向均衡是转移支付的核心功能。

但是，财政横向平衡也可以有两种理解。一种是布坎南（Buchanan）[218]所指的财政平衡，其原则是"同等条件的人获得同等的对待（equal treatment for equals）"，这与福利经济学家庇古（Pigou）[219]的理解相类似。布坎南的这种平衡（或平等）观强调的是个人之间的平等。另一种财政平衡观则突出强调了地区之间的平等。例如，Boadway[220]认为，财政平衡是"其他特征相同的个人，不论居住在哪个地区，都应该受到同等的对待"。现实中地区间总是会存在财政差距，这样本来福利水平相同的个人，会因居住地的不同在政府公共支出活动之后福利水平产生差距。因此，有必要通过

---

① 例如，1994年中国分税制财政体制改革以前，中央财政收入在国家财政收入中所占比重偏小，经常发生中央政府向地方政府"借钱"现象。

上级政府的均等化转移支付平衡地区间的财政能力差异，冲销不必要的人口和生产要素流动带来的负外部性，实现公共服务均等化。

实现基本公共服务均等化，不仅是公共财政的内在要求和义不容辞的责任，也是实现社会福利最大化、增进全社会福利的要求[221]。庇古根据基数论边际效用递减律提出了两个基本命题：国民收入总量愈大，社会经济福利愈大；国民收入分配愈均等化，社会经济福利愈大。因此在国民收入总量一定的情况下，应尽可能消除国民收入分配上的非均等。而阿玛蒂亚·森（Amartya Sen）更强调政府为居民提供与民生相关的基本公共服务，提高居民创造福利的能力。他认为，创造机会的不是商品本身，而是商品所带来的机会和活动，而这些机会和活动是建立在个人能力的基础上的；如果每一位居民都能享有大致均等的基本教育、健康和就业机会，就可能提高他们创造福利的能力，从而国民福利水平也会相应提高[221]。

6.1.2 转移支付的现实与逻辑依据

对于中国的基本公共服务不均等问题，目前有一种普遍观点是，1994年分税制财政体制改革后，国家财力过于集中于中央政府，财权层层上移，事权层层下移，中央与地方政府的财权（或财力）与事权不匹配，导致基层财政困难，从而经济落后地区与经济发达地区基本公共服务差距扩大。因此，大多数建议是给地方政府更多的财权（或财力），以使地方政府财权（或财力）与事权相匹配。这种论点无论在现实上还是在逻辑上都站不住脚。

从财权的角度来看，增加地方政府财权只会导致各地区财力差距进一步扩大。中国地域宽广，各地地理位置、资源禀赋、主导产业等各不相同，经济社会发展水平存在很大差距。以2009年为例，上海市的人均 GDP 为贵州省的 7.6 倍，并且上海的支柱产业为工商金融业，而贵州省以农业为主，两个省（市）创造财政收入的能力不可比拟。事实上，2009 年上海市的人均地方财政收入是贵州省的 12.5 倍，比这两个省（市）之间的人均 GDP 差距更大①。如果扩大地方的财权，增加主体税种的地方分成比例，则地区财力差距还要扩大。诚然，如果赋予地方政府一定的税收立法权，贫困地区也可以通过提高税收占 GDP 的比例来提高财政收入，但这以加重贫困地区居民的税收负担为代价，更无可取之处。因此，越是地区经济差距越大，扩大地方财权的负作用就越大，越要重视转移支付的作用。甚至可以说，中国目前地区间过大的经济发展差距不允许赋予地方政府过大的财权。

从财力的角度来看，在财政收入的初次分配中，中央与地方的财力与事权不匹配是一种正常现象。在财政分权条件下，财政收入初次分配通常倾向于向中央政府适当集中，以利于国家的宏观调控和调节各地区的财政供给能力，实现公共服务均等化。下级政府之间在提供标准公共服务的能力和成本上的差距越大，上下级政府间的转移支付越不可或缺。尽管可能由于财政管理制度的缺陷，转移支付的效果尚待提高，但解决的办法应该是完善转移支付制度，而不是减少转移支付。

从体制的角度来看，公共财政的支出责任与管理责任可以适当分离。按照公共财政职能配置的基本原理，收入分配职能适合由中央政府或较高层次的政府行使，以实现分配的公平性。与民生有关的基本公共服务，大多与收入分配直接相联系，将基本公共服务的

---

① 此例数据根据 2010 年《中国统计年鉴》计算得出。

支出责任适当上移，可以从更高的层次平衡地区间的差距。但是上层政府履行较多的出资责任，并不意味着公共服务的具体管理责任也由上级政府承担，完全可以通过转移支付补充地方政府用于基本公共服务的财力，下级政府承担具体管理责任。这样既能保障贫困地区的基本公共服务财力供给，又能充分发挥地方政府了解本地需求的信息优势。

财政制度就其基本内涵来说应包含两个方面的内容：一个方面是"财"，即政府对税收及其他公共性收入的分配和使用；另一个方面是"政"，即政府在分配和使用这些公共收入的时候，不仅是用来实现对经济和社会进行宏观调控的手段，而且也是用来平衡收入在地区、居民间的分配模式，更重要的是它还可以用来规范和控制政府官员的行为[222]。保持较大规模的转移支付作为平衡地方财力和引导地方政府行为的手段，是分税制财政体制下的必然选择。

6.2 均等化导向的转移支付制度分析

6.2.1 我国转移支付制度的基本构成和分配方式

1994年开始实施的分税制财政体制是对原来的包干制财政体制的重大改革。分税制财政体制不仅按税种划分中央与地方的财政收入，而且也配套建立了转移支付制度对中央和地方的财力进行二次分配。转移支付的种类和分配方式根据改革和发展的需要进行了多次调整和改进，现行的中央与地方政府间的转移支付基本分类结构如图6.1所示。

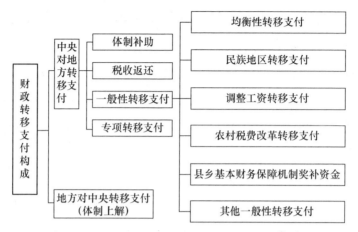

图 6.1　我国现行财政转移支付基本分类①

就转移支付的结构变动趋势而言，从分税制改革初期到现在发生了较大的变化（见表 6.1）。除 2002 年因所得税收入划分改革增加了所得税基数返还外，税收返还比重明显逐年下降。在分税制改革初期的 1995 年，税收返还占全部中央对地方转移支付资金的 73.7%，处于绝对优势地位；而到了 2009 年这个比例下降到 15.1%（"两税返还"和所得税返还之和），成为三大类转移支付中比重最小的。与此相反，专项转移支付比重呈快速上升趋势，尤其是 1998年、1999 年及 2008 年急剧上升，各上升了 6 个百分点以上，这是由于受当时国际金融危机的影响，中国实施了包括一揽子财政投资计划在内的积极财政政策的结果。到 2004 年专项转移支付跃居第一大

---

①　值得说明的是，按照财政体制，税收返还是中央与地方在税收划分中按规定应返还给地方的部分，中央对这部分收入并没有支配权，严格来说是税收体制的一部分，但在形式上与转移支付相同，因此通常又把它视为转移支付的一个大类。图中所列"均衡性转移支付"是经过了多次变更后的名称：1995 年中国建立了"过渡期转移支付"，2002 年国务院决定实施所得税收入分享改革以后，明确中央因改革增加的收入全部进入"一般性转移支付"，"过渡期转移支付"概念不再使用。2009 年起，中央将原"财力性转移支付"更名为"一般性转移支付"，将原"一般性转移支付"更名为"均衡性转移支付"。

转移支付形式，此后与均衡性转移支付并驾齐驱且略占优势。均衡性转移支付在分税制改革之初是比重最小的转移支付形式，经过了数年的徘徊后，于2000年、2001年迅速增加，此后稳步上升，到2009年占全部转移支付比重达38.6%，与专项转移支付比重接近。与此同时，地方总财力快速增长，年均增幅17.2%，超过中央财力增长幅度。

表6.1　我国财政转移支付结构变化情况（1995—2009）

单位：亿元、%

年份	地方财力规模	中央补助地方										财政上解
		指标值	占比	两税返还		所得税返还		一般性转移支付		专项转移支付		
				指标值	占比	指标值	占比	指标值	占比	指标	占比	
1995	4383	2533	57.8	1867	73.7			291	11.5	375	14.8	617
1996	5234	2672	51.1	1949	72.9			235	8.8	489	18.3	563
1997	5841	2801	48	2012	71.8			273	9.8	516	18.4	562
1998	6708	3285	49	2083	63.4			313	9.5	890	27.1	558
1999	7521	3992	53.1	2121	53.1			511	12.8	1360	34.1	563
2000	8622	4748	55.1	2207	46.5			893	18.8	1648	34.7	632
2001	10850	6117	56.4	2309	37.7			1605	26.2	2204	36.0	638
2002	12731	7353	57.8	2410	32.8	597	8.1	1944	26.4	2402	32.7	688
2003	14776	8058	54.5	2527	31.4	898	11.1	2241	27.8	2392	29.7	689
2004	17897	10222	57.1	2712	26.5	898	8.8	2934	28.7	3238	31.7	677
2005	21467	11120	51.8	2859	25.7	898	8.1	3716	33.4	3647	32.8	781
2006	26283	13589	51.7	3028	22.3	902	6.6	5025	37.0	4634	34.1	861
2007	33616	17325	51.5	3215	18.6	906	5.2	7017	40.5	6187	35.7	873
2008	40297	22171	55	3372	15.2	910	4.1	8491	38.3	9397	42.4	978
2009	48622	28695	59	3423	11.9	910	3.2	11077	38.6	11755	41	1031
年均增长	17.2	16.8		4.3		6.2		27.3		25.9		3.3

资料来源：《地方财政研究》2011年第1期封三。原表格有错行，经查证后校正为本表。

以上数据表明，1994 年分税制财政体制改革以来，由于国家财政收入的初次分配向中央政府集中，中央财政获得了超过其事权所需的财力，为此中央通过对地方政府转移支付进行财力二次分配的规模也越来越大。那么转移支付对公共服务均等化的效果如何，应该如何优化转移支付结构，这是本书所关心的问题。

6.2.2 我国转移支付制度的主要问题

从我国目前转移支付的组成结构来看，随着时间的推移，税收返还和体制补助所占的比重越来越小，初步形成了专项转移支付和一般性转移支付并驾齐驱的格局。专项转移支付是上级政府为实现特定的政策目标，以及对委托下级政府代理的一些事务进行补偿而设立的专项补助金[223]。它是一种用于规定的公共物品和公共服务支出的资金，接受者无权挪作他用；而主要用于工资和日常支出的一般性转移支付则较少有使用条件的限制。作为转移支付的主体，这两类转移支付仍存在不利于地区基本公共服务均等化的资金管理办法，具体表现在以下两个方面。

（1）专项转移支付资金管理规范化程度低，"项目化"管理资金过多，不利于基本公共服务均等化。专项转移支付资金与一般转移支付资金相比，除了目的和用途上的区别外，在管理上一个很大的区别是多数资金实行"项目化"管理。随着专项资金规模的日益增大，各主管部门和财政系统逐渐发展出一套严格而完备的项目申请、批复、实施、考核和审计制度，除了工资和日常支出外，几乎所有的建设和公共服务资金都"专项化"和"项目化"了，公共服务实质上正在变成以项目评估和项目管理为中心的治理体制[69]。上级政府变成下级政府的项目发包人，下级政府成为项目的竞标者，专家学者也被纳入项目的评估和考核体系中，为这套体系提供了技术合法性。这种管理方法的目的是提高资金使用效率、防止资金被侵占挪用、保证资金按规定的用途使用，具有一定的积极作用，但也存在较大问题：一是资金分配缺乏公平公正的标准，资金监督多而无效。这些项目资金的分配大都具有较强的主观性，下级项目申请部门千方百计在审批过程中做文章，"跑部钱进"成为地方政府的主要工作目标之一，给掌握资金的部门和人员提供了权力寻租的空间。对资金使用的监督有上级主管部门，还有财政、审计、监察等部门，监督部门很多且重复检查，但效果甚微。因为上级主管部门既是项目的审批者，又是资金的分配者，且是同一个"战壕"的人，容易形成利益共同体，监督力度可想而知；而同级财政、审计、监察部门因为属于同一政府的职能部门，在保护地方利益的"大原则"下，也很难发挥监督作用。二是项目申报成本高，很大一部分资金在申报过程中内耗掉了。在申报项目过程中，从各项材料的准备到逐级申报和最后审批的一系列环节，都需要投入大量的人力物力财力，而且其中还有些是"灰色"支出，无形中增加了项目资金的取得成本。据某地审计部门调查，这种"跑资金"的成本约占项目资金额度的30%，真正用到项目的资金也就要大打折扣了[224]。三是资金分配往往附加一些不合理条件，对财力弱的地区反而不利。比较明显的就是一些专项资金要求地方政府按一定比例安排配套资金，可往往是最需要这些专项资金的贫困地区拿不出配套资金，仅仅因为拿不出配套资金而丧失机会，这有悖于专项资金设立的初衷。

（2）一般性转移支付①因政治平衡考虑偏离基本公共服务均等

---

① 本书的"一般性转移支付"和"均衡性转移支付"均为2009年后该名称所指的含义，分别相当于2009年以前的"财力性转移支付"和"一般性转移支付"。

化轨道，但这也许是必须付出的代价。中国是一个多民族的国家，维护国家的统一始终是整个中华民族的根本利益所在，因此在我国中央政府的转移支付中少数民族问题是一个不得不考虑的因素。Raiser[225]、王绍光[226]等的研究表明，少数民族聚居的省（区）获得的中央转移支付远多于同等条件的其他省（区），国家的统一和稳定是中央转移支付优先考虑的因素。另外，为了支持重大改革措施出台，近年来中央在均衡性转移支付之外，设立了一些其他的一般性转移支付项目，如农村税费改革转移支付、调整工资转移支付、县乡基本财力保障机制奖补资金等，虽然其政策意图定位于向财力弱的地区倾斜，但这些转移支付资金的分配公式中往往更多的是将财政供养人口而非地区总人口作为客观因素，强调的是地方政府在现行制度下应该承担的财政责任，而地区间基本公共服务均等化的考虑相对不足。

6.2.3　我国转移支付的均等化效果分析

在分权财政体制下，转移支付是中央政府对本国经济和社会进行调控的重要手段。那么转移支付会对地方政府或地区发展产生什么样的影响？对于这个问题的研究不外乎两个方面：直接效应和间接效应。直接效应就是转移支付对地方政府的收支决策行为产生的影响，这方面国际上有一系列的研究成果[227-234]。国内学者乔宝云等[235]研究了地方税收努力对转移支付的反应程度；李永友、沈玉平[236]实证分析了地方财政收支决策对大规模转移支付的反应差异性。而更多的研究集中在间接方面评价转移支付的效果上，主要有两类研究成果：一是研究转移支付对地区经济增长和地区、城乡差距的影响。Fuente 和 Vives[237]、Sinn[238]、Barro 和 Sala-i-Martin[239]、

Raiser[225]、马拴友和于红霞[240]、江新旭[241]等分别就欧盟、德国以及中国的转移支付对地区经济增长和经济差距进行了研究。二是研究转移支付对地区财政均等化或公共服务均等化的影响，这是本节内容要关注的重点。

由于中国地区间经济发展水平的差异十分悬殊，导致地区间财政能力存在巨大差距，转移支付成为均等化地区间公共服务水平的重要手段。财政转移支付对地区财力均等性的影响引起了不少学者的关注，但并没有得出普遍一致的结论。王雍君[242]认为，转移支付加大了财力和公共服务的差距。Tsui[243]根据1994—2000年的数据，利用广义熵指数分析了县级财政不平等的变化，发现税收返还和过渡期转移支付扩大了财政差距。曾军平[244]、尹恒等[245]则分别比较了1994—1997年、1993—2003年转移支付前后省级、县级人均财力差距的变化，发现转移支付后的不均等指标上升了。刘溶沧、焦国华[246]利用1988—2009年的省级数据，比较了各省人均财政收入和支出的变异系数，发现中央财政补助对地区间财政能力差异没有明显影响。而曹俊文、罗良清[247]比较了1996—2003年省际财政收支的变异系数，认为转移支付起到了一定的均衡省级财力差距的作用。值得一提的是，尹恒等[248]利用2000—2005年近2000个农村县的数据，从转移支付与财力缺口关系的角度评估了转移支付的均等化效应后发现，在均等化财政责任的意义上转移支付具有一定效果，因素法转移支付、专项转移支付、结算补助等项目都在一定程度上向财力缺口较大的地区倾斜。

以上各种方法中，有的用财政供养人口作为人均财力的计算口径，有的考虑地方财政努力程度。需要说明的是，公共服务均等化本质上要求在不降低贫困人口的私人消费的前提下提高其享受公共服务的水平。如果通过提高贫困地区的地方政府财政努力程度来提高财力和公共服务水平，贫困地区的总体福利并不一定会提高。例如，农村税费改革以前，在乡镇基层财政收费"努力"程度很高的情况下，也能获得较高的教育、卫生等公共服务水平，但与税费改革后通过上级政府转移支付获得同样的公共服务水平完全不一样。因此本书认为，用直接比较转移支付前后各地区人均财政收支变化的方法来衡量转移支付的财政均等化效果是适当的。

　　本书将各地区的人均财政收入视为各地区接受转移支付前的财力水平，将各地区人均财政支出视为各地区接受转移支付后的财力水平，通过计算转移支付前后人均财力的变异系数来分析转移支付的财政均等化效果。变异系数越小，表明人均财力越均衡。为了比较转移支付前后财力水平均衡程度的变化，本书采用曹俊文和罗良清[247]构造的一个被称为"均等化系数"的相对指标，它是转移支付后财政支出变异系数与转移支付前财政收入变异系数之比值。均等化系数越小，表明均等化效果越好。当均等化系数小于 1 时，表示转移支付起到了财政均等化的效果；当均等化系数等于 1 时，表示没有起到均等化的效果；当均等化系数大于 1 时，表示转移支付不但没有起到均等化的效果，反而拉大了地区间的财力差距。

　　从图 6.2 可以看出，各地在转移支付前财政收入变异系数从 1998 年的 1.09 逐步扩大，到 2004 年达到最高值的 1.34，从 2006 年开始下降，特别是 2009 年急剧下降到最低点 0.98。财政支出变异系数趋势基本相同，但普遍比财政收入变异系数低 0.3 ~ 0.5，这说明均等化效果是比较明显的。均等化系数从 1998 年的 0.73 下降到 2009 年的 0.58，总体上呈平稳下行趋势。这些数据表明，2004 年前中国各地区总体财力差距在转移支付前后都呈扩大趋势，转移支付虽然减少了地区财力差距，但不足以遏制其继续扩大。2004 年后各地区总体财力差距在转移支付前后都呈平稳或下降趋势，尤其是 2009 年降幅较大，转移支付进一步缩小了各地财力差距，而且转移支付效果逐步转好。

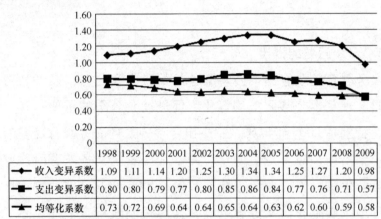

	1998	1999	2000	2001	2002	2003	2004	2005	2006	2007	2008	2009
◆ 收入变异系数	1.09	1.11	1.14	1.20	1.25	1.30	1.34	1.34	1.25	1.27	1.20	0.98
■ 支出变异系数	0.80	0.80	0.79	0.77	0.80	0.85	0.86	0.84	0.77	0.76	0.71	0.57
▲ 均等化系数	0.73	0.72	0.69	0.64	0.64	0.65	0.64	0.63	0.62	0.60	0.59	0.58

图 6.2　财政转移支付的省际均等化效果（1998—2009）①

　　以上分析表明，转移支付对平衡我国地方政府财力差距具有不可或缺的重要作用，特别是随着税收返还所占比重的降低，总体均等化效果有向好趋势。财力均等化是基本公共服务均等化的必要条件，但是财力均等化并不完全意味着基本公共服务均等化[249]。基本公共服务均等化还取决于地方政府的支出偏好和转移支付本身的结构。

---

　　①　数据来源：1998—2008 年数据来自《新中国 60 年统计资料汇编》，2009 年数据来自 2010 年《中国统计年鉴》。

6.3 基本公共服务均等化水平的实证考察：
以义务教育为例

6.3.1 问题的提出

义务教育是政府基本公共服务的重要内容之一。义务教育均衡发展是实现基本公共服务均等化、促进社会公平的重要一环。近些年来，特别是 2005 年以来，中央出台了一系列义务教育经费保障机制改革举措：2005 年起，对中、西部地区农村义务教育阶段家庭经济困难学生实行了"两免一补"政策；2006 年起，在西部地区和部分中部地区实施农村义务教育经费保障机制改革，全部免除了这些地区农村义务教育阶段学生的学杂费；2007 年起，农村义务教育经费保障机制改革推广到全国；2008 年起，全面免除城市义务教育学生学杂费。那么，这些举措对义务教育均衡发展的效果如何？今后解决义务教育公平问题的重点应在何处？这是一个值得评价和探讨的问题。各国推进公共服务均等化的路径大致有三种模式，即人均财力的均等化、公共服务标准化和基本公共服务最低公平[28]。从目前我国所采取的举措来看，主要还是从经费投入的角度切入这个问题的，因此本研究选择人均财力的均等化程度作为测算标准。

衡量均等化程度及其结构性特征的方法主要有变异系数（Coefficient of Variance）法、基尼系数（Gini Coefficient）法和泰尔指数（Theil Index）法等，运用其中一种或综合运用多种方法的文献较多，运用泰尔指数法的也不少。如 Concei 和 Galbraith[250]，Cowell[251]，Lynch 等[252]运用泰尔指数法研究了收入分配的不均等问题，Deshpande[253]用泰尔指数法研究了印度种姓之间和城乡之间在食品、衣物、土地和教育方面的差距[253]。Mussard 和 Terraza[254]，Yang[255]分别综合运用基尼系数法和泰尔指数法研究了法国和中国的收入分配状况。目前对公共服务均等化水平的实证研究集中在地区差别和城乡差别两个层面上。一些学者，如安体富、任强[35]，黄小平、方齐云[256]，王晓洁[257]从地区差别的角度对我国公共卫生服务均等化水平进行了量化分析；而另外一些学者，如王伟同[258]、俞雅乖[259]、王翠芳[260]则更关注公共服务的城乡差别。

泰尔指数法用于研究资源分配均等化水平的优点在于，它可以将总体的差异分解为不同地区或不同人群组的组间差异和组内差异，再将组内和组间差异合成总体差异，进而考察总体的差异在多大程度上是由组间差异引起的，在多大程度上是由组内差异引起的，并且每组可以按某种研究视角继续分解为子组间差异和子组内差异，从而通过层层分解从不同视角考察总体的差异结构。Bourguignon[261]、Shorrocks[262]等对此进行了较深入的探讨。

已有的这些研究大部分使用单一维度进行分析，即仅仅考虑地区差别或城乡差别一个维度的均等化水平，而没有把两个变量结合起来考察二者对均等化水平的共同作用。本书运用双变量泰尔指数法来考察，其好处是可以清晰地看到地区内部的城乡不均等结构和城乡内部的地区不均等结构，这是单变量泰尔指数法无法做到的。目前对于教育不平等问题的研究，也大多采用基尼系数法和按单一维度分组的泰尔指数法。如杨俊等[263]采用基尼系数法衡量教育不平等，从教育不平等与收入分配的作用机理及方向的角度进行研究；祁毓[264]用单一维度的泰尔指数法研究财政对教育支持的地区公平问题；赵力涛[265]研究了 2001 年农村义务教育管理体制改革前后我国义务教育差距的变化，但也是采用单一维度的分组方法，并且其数据没有反映 2005 年以后中央采取的包括农村和城市在内的义务教育经费保障机制改革重大举措的影响。

只有极少数学者运用双变量泰尔指数法对不均等程度进行测算和评价，如 Cowell[266]、Akita[267] 等，他们利用层级分解法首先将泰尔指数按照某个维度分解，然后再对分解后的各组别继续分解为子组，从而分析测算泰尔指数的构成；国内学者冯海波、陈旭佳[268] 用双变量泰尔指数法考察了广东省公共卫生支出的地区和城乡均等化水平，所用方法也是层级分解法。

和已有文献相比，本书的贡献主要体现在以下两个方面：（1）综合运用了层级分解和水平分解的方法对双变量泰尔指数的结构特征进行分析。在运用层级分解法从城乡和地区两个维度对义务财政教育支出均等化程度进行测算的基础上，对泰尔指数进行了水平分解。相对于层级分解法，水平分解法具有两个的优点：一是由于对变量的分解没有优先顺序，每个变量的地位是平等的，便于对各变量的均等化水平进行比较；二是这种方法可以清晰揭示各变量的交互作用对均等化水平的影响。因此，综合运用层级分解和水平分解方法的双变量泰尔指数分析，不仅可以看到地区内部的城乡不均等结构和城乡内部的地区不均等结构，而且还可以看到城乡和地区因素对均等化水平的交互影响。（2）通过对 Theil-T 指数值和 Theil-L 指数值的对比分析，指出了这两种泰尔指数值在使用上可能产生的误区。Theil-T 和 Theil-L 指数在考察组间或组内总体差距时，得出的结论是一致的，但在考察组内构成差异时结论会有较大偏差，有时甚至会得出相反的结论。遗憾的是，从目前收集到的文献来看，没有一篇指出二者之间的区别，有的文章甚至直接误用。

6.3.2　研究思路与方法

本书以全国 31 个省（市、自治区）为基本研究单元①，按东部、东北部、中部、西部四大板块进行地区分组，各地区板块的组成见表 6.2。这四大板块的划分是国务院发展研究中心根据当前我国地区经济发展的侧重点而提出的，本书采纳这种划分方法。在时序段上，从中央出台一系列义务教育经费保障机制改革政策的 2005 年起，到城乡免费义务教育全面铺开后的 2009 年为止。所有数据均来自 2006—2010 年中国统计出版社出版的《中国教育经费统计年鉴》。

表 6.2　四大地区板块划分及包括的省份

地区	包括的省份（市）
东部地区	北部沿海经济区：北京、天津、河北、山东
	东部沿海经济区：上海、江苏、浙江
	南部沿海经济区：福建、广东、海南
东北部地区	东北经济区：辽宁、吉林、黑龙江
中部地区	黄河中游经济区：陕西、山西、河南、内蒙古
	长江中游经济区：湖北、湖南、江西、安徽
西部地区	西南经济区：云南、贵州、四川、重庆、广西
	大西北经济区：甘肃、青海、宁夏、西藏、新疆

在此基础上，按地区和城乡两个维度对义务教育财政支出进行双变量泰尔指数分析。泰尔指数分 Theil-T 指数和 Theil-L 指数两种，根据其各自的含义，可以做如下分解：

$$T = \sum_r \sum_u \sum_i \frac{Y_{rui}}{Y} \log \frac{Y_{rui}/Y}{N_{rui}/N} \tag{6.1}$$

$$L = \sum_r \sum_u \sum_i \frac{N_{rui}}{N} \log \frac{N_{rui}/N}{Y_{rui}/Y} \tag{6.2}$$

---

① 本书不研究我国香港、澳门和台湾地区。

式中下标 r、u、i 分别指地区分组（东部、东北部、中部、西部）、城乡分组（城市、乡村）及 31 个省（市、区）。Y_{rui} 为 rui 组别的义务教育财政支出，并且 $Y = \sum_r \sum_u \sum_i Y_{rui} =$ 全国义务教育财政支出总额。N_{rui} 为 rui 组别接受义务教育的学生数，并且 $N = \sum_r \sum_u \sum_i N_{rui} =$ 全国接受义务教育的学生总数。

不过，这样的分组个数为 r、u、i 各自个数的乘积，即共有 $4 \times 2 \times 31 = 248$ 个，分组个数多而且杂乱，因此有必要按某种维度进行分类组合，这样才便于分析泰尔指数的构成特征。下文将分别按地区和城乡两个维度对泰尔指数进行层级和水平分解。

需要指出的是，泰尔指数包括 Theil-T 和 Theil-L 两个有代表性的指标。目前多数学者采用 Theil-T 指数，少数采用 Theil-L 指数，也有个别学者分别用这两个指数考察同一研究对象，如邓苏、张晓[269] 分别用 Theil-T 和 Theil-L 法测算了山东省地区经济差距的变动趋势及内部构成，对山东省内部差距构成得出了完全相反的结论①。其实 Theil-T 和 Theil-L 指数的本质区别在于，前者是收入相对于人口分布的不均等程度，后者是人口相对于收入分布的不均等程度，因此在内部差距构成上两者结论正好相反就不足为奇了。不了解这一点，对泰尔指数的组内差异的构成往往会做出错误的判断。由于 Theil-T 指数的计算结果更符合人们的一般理解习惯，因此本书亦采用 Theil-T 指数法，但在最后以地区维度优先的层次分解法为例对 Theil-T 和 Theil-L 的差别进行对比分析。

---

① 作者的解释是，Theil-T 指数对上层收入水平变化敏感，而 Theil-L 对底层收入水平变化敏感。但这种解释只是一种表象描述，而面对两种方法得出的相反结论，作者并没有回答应该采纳哪个指数值，对山东省的收入差距到底是东部大于西部还是西部大于东部这个问题最终也没有给出答案。

（1）Theil-T 指数层级分解

首先是地区维度优先的双维度层级分析，即用泰尔指数表示的全部不均等指标首先按地区维度进行分解，第一个层次分解为地区之间的不均等和省际①不均等，第二个层次是将省际不平等分解为省际城乡之间的不均等和城乡内部的不均等。按照这样的思路，地区维度优先的泰尔指数可以表示为：

$$
T = T_{\text{BR}} + T_{\text{WR}} = T_{\text{BR}} + T_{\text{WR}\cdot\text{BU}} + T_{\text{W(RU)}}
$$

$$
= \sum_r \frac{Y_r}{Y}\log\frac{Y_r/Y}{N_r/N} + \sum_r \frac{Y_r}{Y}\left(\sum_u \frac{Y_{ru}}{Y_r}\log\frac{Y_{ru}/Y_r}{N_{ru}/N_r}\right)
$$

$$
+ \sum_r \sum_u \frac{Y_{ru}}{Y}\left(\sum_i \frac{Y_{rui}}{Y_{ru}}\log\frac{Y_{rui}/Y_{ru}}{N_{rui}/N_{ru}}\right)
$$

$$
= \sum_r \frac{Y_r}{Y}\log\frac{Y_r/N_r}{Y/N} + \sum_r \frac{Y_r}{Y}\left(\sum_u \frac{Y_{ru}}{Y_r}\log\frac{Y_{ru}/N_{ru}}{Y_r/N_r}\right)
$$

$$
+ \sum_r \sum_u \frac{Y_{ru}}{Y}\left(\sum_i \frac{Y_{rui}}{Y_{ru}}\log\frac{Y_{rui}/N_{rui}}{Y_{ru}/N_{ru}}\right)
$$

$$
= \sum_r \frac{Y_r}{Y}\log\frac{YP_r}{YP} + \sum_r \frac{Y_r}{Y}\left(\sum_u \frac{Y_{ru}}{Y_r}\log\frac{YP_{ru}}{YP_r}\right)
$$

$$
+ \sum_r \sum_u \frac{Y_{ru}}{Y}\left(\sum_i \frac{Y_{rui}}{Y_{ru}}\log\frac{YP_{rui}}{YP_{ru}}\right) \tag{6.3}
$$

在这里，T_{BR}、T_{WR} 分别表示各地区之间和省际义务教育财政支出不均等程度，$T_{\text{WR}\cdot\text{BU}}$、$T_{\text{W(RU)}}$ 分别表示省际城乡之间和省际城乡内部义务教育支出不均等程度。Y、YP、N 分别表示义务教育财政支出总额、生

---

①　按照泰尔指数分组法，应该分组为"地区（之）间"和"地区内（部）"，因本书研究的基本单位为"省"，故"地区"是比"省"更大的单位，而"地区内（部）"就是"各省（之间）"，简称为"省际"。为了使语义更加明确，下文将根据语境交替使用"各省""各省之间""省际"等用语代替"地区内（部）"。

均支出及学生数。其中，$Y_{ru} = \sum_i Y_{rui}$，$Y_r = \sum_u Y_{ru}$，$N_{ru} = \sum_i rui$，$N_r = \sum_u N_{ru}$。

通过地区维度优先的双维度层级分析，我们可以看到义务教育财政支出在地区之间、各省城乡之间以及各省城乡内部的不均等程度，但无法了解就全国而言义务财政教育支出在城乡之间、城乡内部各省之间不均等程度，因此有必要再进行以城乡维度优先的双变量层级分析。这种方法是从城乡维度开始进行层层分解，第一个层次分解为城乡之间的不均等和城乡内部的不均等，第二个层次将城乡内部的不均等再分解为城乡内地区之间的不均等和城乡内地区内不均等。这样，城乡维度优先的泰尔指数可以表示为：

$$T = T_{BU} + T_{WU} = T_{BU} + T_{WU \cdot BR} + T_{W(UR)}$$

$$= \sum_u \frac{Y_u}{Y} \log \frac{Y_u/Y}{N_u/N} + \sum_u \frac{Y_u}{Y} \Big(\sum_r \frac{Y_{ur}}{Y_u} \log \frac{Y_{ur}/Y_u}{N_{ur}/N_u} \Big)$$

$$+ \sum_u \sum_r \frac{Y_{ur}}{Y} \Big(\sum_i \frac{Y_{uri}}{Y_{ur}} \log \frac{Y_{uri}/Y_{ur}}{N_{uri}/N_{ur}} \Big)$$

$$= \sum_u \frac{Y_u}{Y} \log \frac{Y_u/N_u}{Y/N} + \sum_u \frac{Y_u}{Y} \Big(\sum_r \frac{Y_{ur}}{Y_u} \log \frac{Y_{ur}/N_{ur}}{Y_u/N_u} \Big)$$

$$+ \sum_u \sum_r \frac{Y_{ur}}{Y} \Big(\sum_i \frac{Y_{uri}}{Y_{ur}} \log \frac{Y_{uri}/N_{uri}}{Y_{ur}/N_{ur}} \Big)$$

$$= \sum_u \frac{Y_u}{Y} \log \frac{YP_u}{YP} + \sum_u \frac{Y_u}{Y} \Big(\sum_r \frac{Y_{ur}}{Y_u} \log \frac{YP_{ur}}{YP_u} \Big)$$

$$+ \sum_u \sum_r \frac{Y_{ur}}{Y} \Big(\sum_i \frac{Y_{uri}}{Y} \log \frac{YP_{uri}}{YP_{ur}} \Big) \tag{6.4}$$

在这里，T_{BU}、T_{WU} 分别表示城乡之间和城乡内部义务教育财政支出不均等程度，$T_{WU \cdot BR}$、$T_{W(UR)}$ 分别表示城乡内各地区之间和城乡内各省之间义务教育财政支出不均等程度,其他各变量含义同上。其中,Y_{ur} $= \sum_i Y_{uri}, Y_u = \sum_r Y_{ur}, N_{ur} = \sum_i uri, N_u = \sum_r N_{ur}$。

（2）Theil-T 指数水平分解

由于泰尔指数值与变量分解的顺序无关,因此在（6.3）式和（6.4）式中,$T_{W(RU)} = T_{W(UR)}$,于是可得:

$$T_{WR \cdot BU} - T_{BU} = T_{WU \cdot BR} - T_{BR} = T_{I(RU)} \tag{6.5}$$

（6.5）式 $T_{I(RU)}$ 为左边两项的残值,称之为"地区与城乡交互泰尔指数值",且 $T_{I(RU)} = T_{I(UR)}$。因此可改写成以下两式:

$$T_{BR} = T_{WU \cdot BR} - T_{I(RU)} \tag{6.6}$$

$$T_{BU} = T_{WR \cdot BU} - T_{I(RU)} \tag{6.7}$$

将（6.6）式代入（6.4）式,或者将（6.7）代入（6.3）式,可以将泰尔指数按水平方式分解为 4 个部分:

$$T = T_{BR} + T_{BU} + T_{W(RU)} + T_{I(RU)} \tag{6.8}$$

这里 T_{BR} 和 T_{BU} 分别表示地区和城乡因素各自所产生的不均等,$T_{W(RU)}$ 表示与地区和城乡均无关的因素所产生的不均等,$T_{I(RU)}$ 表示既与地区相关又与城乡相关的因素所产生的不均等。

这里要特别关注一下 $T_{I(RU)}$,因为它是水平分解法产生的特殊项。根据泰尔指数公式的含义,可将 $T_{I(RU)}$ 写成下式:

$$T_{I(RU)} = \sum_r \sum_u \frac{Y_{ru}}{Y} \log \frac{\sigma_{Y_{ru}}}{\sigma_{N_{ru}}}$$

$$\sigma_{Y_{ru}} = \frac{Y_{ru}/Y}{(Y_r/Y)(Y_u/Y)}, \quad \sigma_{N_{ru}} = \frac{N_{ru}/N}{(N_r/N)(N_u/N)} \tag{6.9}$$

在（6.9）式中,$\log(\sigma_{Y_{ru}})$ 表示地区与城乡两种因素对政府教育经费投入分配到某一地区-城乡组别所产生的交互影响;同理,$\log(\sigma_{N_{ru}})$ 表示地区和城乡两种因素对人口分配到某一地区-城乡组别所产生的交互影响。因此，$T_{I(RU)}$ 亦可解释为由地区和城乡因素的交互影响所产生的各地区 - 城乡组别中政府教育经费投入分配对人口分配的加权偏离值总和。

值得说明的是，$T_{I(RU)}$ 可以为正值，也可以为负值。当它为负值时，表示 T_{BR} 和 T_{BU} 的交叠部分；当它为正值时，表示这两者之间的"缺口"。

6.3.3　双变量泰尔指数分解测算

（1）地区维度优先的 Theil-T 指数层级分解测算

我们把 2005—2009 年全国各省（市、自治区）的义务教育财政支出额和生均支出额代入上述地区维度优先的计算公式，求得Theil-T 指数的层级分解结果（见表 6.3）。通过表 6.3 可以看出，从 2005 年到 2009 年义务教育财政支出总体差距逐年缩小，T 值水平从 2005 年的 0.1410 下降到 2009 年的 0.0833，下降幅度达 37.38%，这表明 2005 年以来我国义务教育均等化水平在不断提高。将 T 值按地区分解可以发现，不论是地区间差距还是省际差距都呈逐年缩小趋势，但省际差距远大于地区间的差距，而且省际差距占总体差距的比重越来越大，从 2005 年的 63.85% 增长到 2009 年的 70.10%。省际差距与区间差距的构成趋势见图 6.3。

再考察区间差距的内部构成。在区间差距中，表 6.3 列出了计算区间差距 T 值过程中的东部、东北部、中部和西部 4 个地区生均义务教育财政支出偏离平均值的加权对数值[1]（以财政支出比例为

---

　　[1]　有学者也把它称为泰尔指数，如王晓洁（参见《中国公共卫生支出均等化水平的实证分析——基于地区差别视角的量化分析》，《财贸经济》2009 年第 2 期），但这个指标只是计算组间差距 T 值的内部组成成分，数值有正有负，与求和后的 T 值有所区别，称作"泰尔指数"似乎不妥，这里暂且称之为"加权对数值"。把它列示出来是为了观察组间差距 T 值中各组成成分所起的作用。

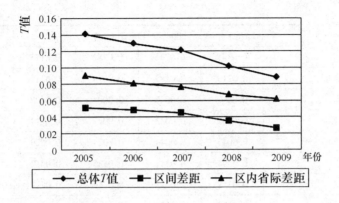

图6.3 总体 T 值的地区维度分解

权数）。东部和东北部为正值，这表明东部和东北部两个地区在义务教育财政支出中处于有利地位，其享有的义务教育支出份额大于其接受义务教育的学生数份额，即生均教育支出高于全国平均水平；而中部和西部为负值，表明中部和西部义务教育生均支出低于全国平均水平。在4个地区中，东部生均义务教育财政支出水平最高，其加权对数值从2005年的0.1684逐次下降到2009年最低值0.1058；而中部生均义务教育财政支出水平最低，其加权对数值从2005年的 - 0.0864上升到2009年的 - 0.0635（绝对值下降）。

表6.3 地区维度优先的义务教育财政支出泰尔指数层级分解测算

	2005 年	2006 年	2007 年	2008 年	2009 年
T	0.1410	0.1295	0.1213	0.1020	0.0883
T_{BR}	0.0510	0.0485	0.0449	0.0348	0.0264
加权对数值（东部）	0.1684	0.1607	0.1498	0.1293	0.1058
加权对数值（东北部）	0.0155	0.0188	0.0231	0.0207	0.0218
加权对数值（中部）	- 0.0862	- 0.0837	- 0.0779	- 0.0678	- 0.0635
加权对数值（西部）	- 0.0467	- 0.0472	- 0.0500	- 0.0474	- 0.0377
T_{WR}	0.0900	0.0809	0.0764	0.0672	0.0619

续表

	2005 年	2006 年	2007 年	2008 年	2009 年
$T_{WR \cdot BU}$	0.0341	0.0293	0.0252	0.0175	0.0105
东部城乡之间	0.0213	0.0185	0.0174	0.0111	0.0080
东北部城乡之间	0.0007	0.0007	0.0004	0.0002	0.0000
中部城乡之间	0.0042	0.0032	0.0027	0.0017	0.0008
西部城乡之间	0.0043	0.0044	0.0024	0.0029	0.0017
$T_{W(RU)}$	0.0594	0.0541	0.0535	0.0512	0.0514
城市内部	0.0308	0.0255	0.0249	0.0227	0.0216
东部城市内部	0.0270	0.0222	0.0218	0.0195	0.0185
东北部城市内部	0.0001	0.0001	0.0001	0.0001	0.0001
中部城市内部	0.0015	0.0012	0.0012	0.0012	0.0015
西部城市内部	0.0022	0.0020	0.0018	0.0019	0.0015
农村内部	0.0286	0.0287	0.0288	0.0285	0.0298
东部农村内部	0.0201	0.0195	0.0196	0.0206	0.0192
东北部农村内部	0.0000	0.0000	0.0000	0.0000	0.0001
中部农村内部	0.0043	0.0051	0.0049	0.0043	0.0063
西部农村内部	0.0042	0.0041	0.0043	0.0036	0.0042
T_{BR}占T比重（%）	36.15	37.49	37.02	34.16	29.90
T_{WR}占T比重（%）	63.85	62.51	62.98	65.84	70.10
$T_{WR \cdot BU}$占T比重（%）	21.69	20.70	18.87	15.62	11.89
$T_{W(RU)}$占T比重（%）	42.16	41.81	44.11	50.22	58.21

在地区内（省际）差距构成中，再以城乡为维度进行了分解。总体而言，省际城乡之间差距和城乡内部差距都呈逐年缩小趋势，但省际城乡内部差距明显大于城乡之间差距，且城乡内部差距基本趋于稳定（见图6.4）。省际差距还有一个明显特征，东部地区城乡之间和城乡内部差距都远高于其他地区。2004年东部地区城乡之间、城市内部和农村内部T值分别为0.0213、0.0270和0.0201，分别占城乡之间、城市内部和农村内部T值的69.61%、71.05%和

70.28%，均超过其他 3 个地区相应 T 值的总和。

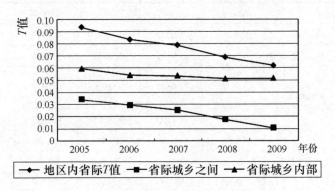

图 6.4 地区内 T 值的城乡维度分解

（2）城乡维度优先的 Theil-T 指数层级分解测算

将数据代入上述城乡维度优先的泰尔指数计算公式可以得到如表 6.4 所示的双维度分层计算结果。总体 T 值与以地区维度优先的结果相同。以城乡为维度进行一阶分解后得到城乡之间与城乡内部 T 值的对比结果显示，全国义务教育财政支出城乡内部差距远大于城乡之间差距，并且差距逐年扩大。2005 至 2009 年，城乡内部 T 值从 0.1029 下降到 0.0762，但其占 T 值的比重由 73.03% 上升到 86.39%，这表明城乡内部差距成为义务教育支出差距的主要方面，并且其比重还在加大。两者直观对比情况见图 6.5。

表 6.4 城乡维度优先的义务教育财政支出泰尔指数层级分解测算

	2005 年	2006 年	2007 年	2008 年	2009 年
T_{BU}	0.0380	0.0322	0.0260	0.0192	0.0120
加权对数值（城市）	0.1556	0.1408	0.1252	0.1054	0.0812
加权对数值（农村）	-0.1176	-0.1086	-0.0992	-0.0862	-0.0692
T_{WU}	0.1029	0.0973	0.0953	0.0827	0.0762
$T_{WU \cdot BR}$	0.0435	0.0432	0.0418	0.0315	0.0248

续表

	2005 年	2006 年	2007 年	2008 年	2009 年
城市内部各地区之间	0.0245	0.0235	0.0245	0.0165	0.0136
农村内部各地区之间	0.0189	0.0197	0.0173	0.0150	0.0112
$T_{W(UR)} = T_{W(RU)}$ （同上表，分项值略）	0.0594	0.0541	0.0535	0.0512	0.0514
T 合计	0.1409	0.1295	0.1213	0.1019	0.0882
T_{BU} 占 T 比重（%）	26.97	24.86	21.43	18.84	13.61
T_{WU} 占 T 比重（%）	73.03	75.14	78.57	81.16	86.39
$T_{WU \cdot BR}$ 占 T 比重（%）	30.87	33.36	34.46	30.91	28.12
$T_{W(UR)}$ 占 T 比重（%）	42.16	41.78	44.11	50.25	58.28

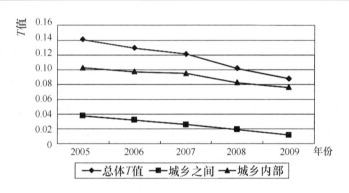

图 6.5 总体 T 值的城乡维度分解

　　再看城乡之间差距和城乡内部地区差距的构成结构。在 T_{BU} 值的构成中，城市分项值为正而农村为负，表明城市在义务教育支出中占优势地位，义务教育财政支出比例大于其接受义务教育的学生占义务教育总学生的比例。在城乡内各地区之间与各省之间的差距构成中，各省之间差距略高于地区之间差距，且差距有扩大趋势（见图 6.6）。2005—2009 年城乡-地区内泰尔指数 $T_{W(UR)}$ 占总泰尔指数的比例从 42.16% 增加到 58.28%，而城乡内地区之间的泰尔指数

$T_{\text{WU} \cdot \text{BR}}$ 占总泰尔指数的比例从 30.87% 下降到 28.12%，两者对比情况见表 6.4。进一步对城乡内部各地区之间的差距进行分析，可以发现城市内部各地区之间的差距大于农村内部各地区之间的差距。城乡内省际差距与省际城乡内部差距为同一对象的不同表述，前面已进行了比较详细的分析，这里不再赘述。

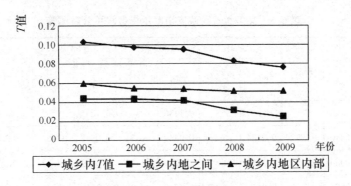

图 6.6　城乡内 T 值的地区维度分解

（3）无维度优先的泰尔指数水平分解测算

按地区和城乡维度同时（即无维度优先）进行的泰尔指数水平分解结果见表 6.5 及图 6.7。从图 6.7 及表 6.5 中可以看出，反映地区-城乡内部不均等的泰尔指数值 $T_{\text{W(RU)}}$ 在四项分项指数中占明显优势，而且逐年上升，其所占比例从 2005 年的 41.11% 增长到 2009 年的 58.21%。这说明地区-城乡内部义务教育投入的不均等成为义务教育非均衡发展的主要因素，即相对于各省的城市与城市之间、农村与农村之间的不均等，地区之间（指东、东北、中、西部）和城乡之间的不均等因素已退居其次。而在地区之间 T_{BR} 和城乡之间 T_{BU} 的不均等中，T_{BR} 所占比例从 2005 年的 35.29% 下降到 2009 年的 29.90%，而同期 T_{BU} 所占比例从 26.30% 下降到 13.59%，两者各自不均等程度都在缩小，但地区不均等程度高于城乡，并且相互之间的差距在逐步扩大。$T_{I(RU)}$ 为负，这表明 T_{BR} 与 T_{BU} 之间有交叠，由此产生的不均等不能单独归结于地区因素或者城乡因素，而其值从 2005 年的 −0.0039 到 2009 年的 −0.0015，与其他三项 T 值相比，其绝对值很小并有所下降，因此其对义务教育非均等化的影响微乎其微。

表 6.5　义务教育财政支出泰尔指数水平分解测算

	2005 年		2006 年		2007 年		2008 年		2009 年	
	T 值	占比（%）	T 值	占比（%）	T 值	占比（%）	T 值	占比（%）	T 值	占比（%）
T	0.1445		0.1319		0.1236		0.1035		0.0883	
T_{BR}	0.0510	35.29	0.0485	36.77	0.0449	36.33	0.0348	33.62	0.0264	29.90
T_{BU}	0.0380	26.30	0.0322	24.41	0.026	21.04	0.0192	18.55	0.0120	13.59
$T_{W(RU)}$	0.0594	41.11	0.0541	41.02	0.0535	43.28	0.0512	49.47	0.0514	58.21
$T_{I(RU)}$	−0.0039	−2.70	−0.0029	−2.20	−0.0008	−0.65	−0.0017	−1.64	−0.0015	−1.70

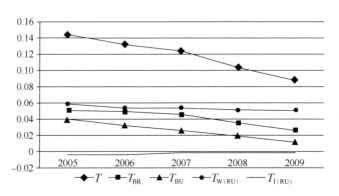

图 6.7

（4）与 Theil-L 指数的对比

前已述及，泰尔指数有 Theil-T 和 Theil-L 两种形式，但两者的含义有所区别。前者测量研究对象相对于人口的分布不均等程度，后者测量人口相对于研究对象的分布不均等程度。具体对本研究而言，Theil-T 指数的含义是地区和城乡义务教育财政支出相对于其人口的分布不均等程度，即人均义务教育财政支出不均等程度；而 Theil-L 指数的含义是地区和城乡人口相对于其义务教育财政支出的分布不均等程度，理解起来比较费劲。更值得注意的是，用这两种泰尔指数法分别考察组内泰尔指数构成时，得出的结论会有偏差，有时甚至相反。表 6.6 列示了地区维度优先的泰尔指数层级分解中的地区分组 Theil-T 与 Theil-L 主要指数的对比情况。

表 6.6 按地区分组的 Theil-T 与 Theil-L 主要指数对比情况

	2005 年		2006 年		2007 年		2008 年		2009 年	
	T	L	T	L	T	L	T	L	T	L
总计	0.1410	0.1187	0.1295	0.1103	0.1213	0.1021	0.1020	0.0860	0.0883	0.0751
地区之间	0.0510	0.0504	0.0485	0.0480	0.0449	0.0442	0.0348	0.0343	0.0264	0.0259
东部	0.1684	-0.1177	0.1607	-0.1135	0.1498	-0.1074	0.1293	-0.0965	0.1058	-0.0822
东北部	0.0155	-0.0126	0.0188	-0.0148	0.0231	-0.0174	0.0207	-0.0160	0.0218	-0.0166
中部	-0.0862	0.1221	-0.0837	0.1172	-0.0779	0.1058	-0.0678	0.0877	-0.0635	0.0803
西部	-0.0467	0.0587	-0.0472	0.0591	-0.0500	0.0632	-0.0474	0.0591	-0.0377	0.0445
地区内部	0.0900	0.0683	0.0809	0.0623	0.0764	0.0579	0.0672	0.0517	0.0619	0.0492
东部	0.0684	0.0414	0.0602	0.0363	0.0587	0.0359	0.0512	0.0327	0.0457	0.0301
东北部	0.0008	0.0006	0.0008	0.0006	0.0005	0.0003	0.0003	0.0002	0.0002	0.0001
中部	0.0100	0.0135	0.0095	0.0130	0.0087	0.0115	0.0073	0.0090	0.0086	0.0105
西部	0.0108	0.0129	0.0105	0.0124	0.0085	0.0102	0.0084	0.0098	0.0074	0.0084

从表6.6中可以看出，地区之间的Theil-T值与Theil-L值基本相等，地区内部的T值与L值有较大差距，而在地区之间和地区内部各分组的T值与L值构成上出现了反向变动现象。在地区之间的T值构成中，东部与东北部的值为正，中部和西部的值为负；而在其L值构成中，东部与东北部的值为负，中部和西部的值为正，两者正好相反。在地区内部T值和L值构成中，东部和东北部的T值大于其对应的L值，而中部和西部的T值小于L值。在本例中，地区内部T值和L值在不同地区组别间反向变动使得L值小于T值，L值低估了义务教育财政支出的不均等程度。因为L值代表人口相对于支出的不均等程度，不符合人们的理解习惯，如果用Theil-L指数评价义务教育不均等程度就容易使人产生误解，这是本书采用Theil-T指数进行分析的原因。

6.3.4　结论与政策讨论

通过以上从地区与城乡两个维度进行的泰尔指数层级和水平分解测算，我们可以得到如下几点结论。

（1）总体而言，近年来我国义务教育财政支出均等化水平在不断提高。2005年以来国家实施的义务教育经费保障机制改革措施不仅大大减轻了城乡家庭承担子女义务教育的经费负担，而且促进了地区和城乡义务教育的均衡发展。之所以出现这样良好的局面，主要得益于近年来我国公共财政框架体系的逐步完善，财政职能的重点从经济建设转向社会服务，更加重视基本公共服务均等化以及财政对社会和民生领域的支持。

（2）地区维度优先的泰尔指数层级分解表明，义务教育的省际差距大于东、中、西部差距。在东、中、西部内部差距构成中，东部和东北部相比中、西部在义务教育支出中处于明显有利地位，其中中部地区义务教育平均支出水平最低。在地区内部差距构成中，城乡内部差距大于城乡之间的差距，且东部地区对义务教育不均等的"贡献率"远大于其他地区。究其原因，可以发现按照现有东部、东北部、中部、西部四大板块的划分，东部包括北部沿海、东部沿海、南部沿海三个综合经济区，涉及的范围是非常广的，经济发展水平差距较大（如河北省、海南省与上海市、江苏省相比），这种差距会体现在义务教育的支出水平上。同时，东部的财政自给率较中、西部高，这也使得东部地区义务教育支出与当地的经济和财政水平具有较高的相关性。相对于东部地区的发展不平衡问题，中部地区更应关注义务教育总体支出水平偏低的问题。

（3）城乡维度优先的泰尔指数层级分解表明，财政支出的城乡内部差距远大于城乡之间的差距，城乡内部差距是义务教育财政支出差距的主要方面。而城市与农村相比，城市在义务教育财政支出中占优势地位。在城乡内部差距构成中，东、中、西部内部各省之间差距大于东、中、西部之间的差距，并且城市内部的地区差距大于农村内部的地区差距。义务教育财政支出的地区内部和城乡内部差距分别大于地区之间和城乡之间的差距，地区内部和城乡内部成为当前义务教育发展不均衡问题的主要方面。一方面是由于地区内部各省（市、自治区）经济发展水平仍然差距较大；另一方面是由于当地政府对义务教育的重视程度和支持力度不同，而国家在致力于解决义务教育城乡之间不均等的同时，对城乡内部不均等的关注程度不够。

（4）泰尔指数的水平分解将地区因素和城乡因素各自的影响

与二者之间的交互影响完全分离后的结果显示：地区-城乡内部差距是义务教育不均衡发展的主要方面，城乡之间以及东、中、西部之间的差距相对较小，其中城乡之间差距又小于东、中、西部差距；地区和城乡因素交互影响的 T 值为负担很小，这意味着地区和城乡因素对义务教育差距的影响只有很小的交叠，相对比较独立。

根据上述分析结论，我们认为我国今后在义务教育财政政策方面应在以下方面给予足够的重视并进行相应的调整。

首先，提高城乡义务教育经费投入的统筹层次，中央和省级政府要在义务教育中承担更大的责任，减少义务教育经费投入对地方财政的依赖程度。东部地区着重解决经费投入不均的问题，中西部地区主要解决经费投入不足的问题。因此要继续加大对中西部地区义务教育经费的转移支付力度，减少经济落后地区义务教育经费支付压力。值得提出的是，近年来中央对西部地区义务教育经费支持力度较大，东西差距缩小速度较快，一些中部地区省份反而成为义务教育支出水平最低的地区，今后解决义务教育地区差距的重点应放在中部地区。

其次，按照统筹城乡经济与社会发展的要求，继续加大对农村地区义务教育经费的投入，让城乡居民享受基本同等的义务教育服务。与此同时，今后要更加重视城乡内部差距。为此，应加快财政体制改革，全面推行和完善"省直管县""乡财县管"财政体制，减少财政层级、增强财政统筹能力。

最后，在加强和巩固对农村义务教育经费投入保障机制的同时，今后要更加注重解决城乡和地区内部义务教育经费投入的差距问题。运用适当的财政激励机制和政绩考核机制调动地方政府发展义务教育的积极性。一方面，通过激励性的财政政策促进地方经济发展，提高其提供基本公共服务的能力；另一方面，要按照科学发展观的要求，加强对社会和民生领域的政绩考核，调动地方政府提供包括义务教育在内的基本公共服务的积极性。

第 7 章

结论、政策含义与研究展望

7.1 结论

中国改革开放四十多年的历程，有两个"过程"深深地影响着人们的生活面貌。一个是市场化过程，从集中统一的计划经济体制走向自由开放的市场经济体制，极大地调动了人们的生产积极性，中国的经济实力和综合国力大大提升。另一个是城市化过程，大批从事传统农业的乡村人转变为从事工商服务业的"城里人"，极大地改变了人们的生产和生活方式，中国的社会面貌和总体生活焕然一新。但是在市场化和城市化交织进行的这两个过程中，出现了明显的经济与社会发展失衡。最集中的表现是，在工业化、城市化快速发展的同时，原来的城乡二元公共服务体制越来越不适应发展的需要，损害了社会的公平正义，给社会的和谐稳定带来了隐患。

经济的市场化改革没有错。然而，当政府自身也"被市场化"时，它就极有可能是一个不称职的政府。如果政府在推动经济增长上不遗余力，而在居民最需要的基本公共服务保障上却敷衍塞责，把自己等同于一个市场主体，那么政府作为公共部门的存在理由就丧失了。应该说，政府在保障居民的基本公共服务需求上可以也应该有所作为，关键在于打破旧体制的逻辑，调整和改革相应的体制和机制，使之适应市场经济和城市社会到来的新形势的需要。

本研究在梳理有关文献的基础上，针对我国基本公共服务供给不足和不均的问题进行了理论和实证研究。在理论阐释上，从城市化与二元经济结构理论以及财政分权理论入手，分析了中国的基本公共服务滞后于经济发展的原因；在实证研究上，分析了财政支出不断膨胀和基本公共服务供给不足并存、转移支付规模不小与基本公共服务供给不均依然严重的现象及改进方向。总括起来，可以得出如下主要结论。

（1）我国基本公共服务长期以来按产权逻辑供给，现阶段打破此逻辑的时机已经成熟。城乡基本公共服务供给不均是我国基本公共服务保障方面存在的一个突出问题。第二章从我国基本公共服务保障的体制变迁及背后的逻辑的角度对这一问题进行了多维度的考察和剖析。特征事实的考察表明，我国基本公共服务模式经历了计划体制下的"单位、社队"保障模式、体制转轨时期的政府角色缺位到近阶段政府角色的逐步回归过程，在新旧体制转换完成之前仍然面临着较多的危机。通过对历史和现状考察还发现，城乡分离的户籍制度掩盖了我国基本公共服务保障的一个重要逻辑：按生产资料的所有制性质和经营权的不同，分别采取不同的供给和保障责任模式，这实际上是一种产权逻辑。我国基本公共服务供给不均的一个重要原因是对基本公共服务产权逻辑的路径依赖，而把它归结于国家对农民的歧视是不恰当的。第三章对中国的城市化进程的考察表明，我国城市化已经进入新的转折点，这为打破现有的基本公服务保障的产权逻辑，实行城乡统一的基本公共服务体制提供了条件和契机。

（2）财政分权改革激发了地方政府追求"可视政绩"和自主收入的动机，这种动机是地方政府经济增长取向行为的主要内在驱动力。中国的经济增长离不开地方政府的努力，地方政府的努力行为离不开某种动力机制的激励。财政分权理论对中国地方政府行为的政治经济学分析产生了"市场维护型联邦主义"和"政治晋升锦标赛"两个主要理论，分别强调了预算硬约束和上级政府以经济增长为主要指标的政绩考核制度对地方政府行为的影响。然而，在分权消除了自下而上的"预算软约束"的同时，中国财政因为大量预算外和体制外收入的存在却产生了自上而下的"逆向软预算约束"。在政治相对集权、财政相对分权的条件下，上级政府的政绩考核虽然会对官员的行为产生影响，但最新的证据并不支持官员提拔依靠以经济增长为主要指标的政绩。综合各方面因素来看，经济增长指标背后的"可视政绩"和地方政府自主财政收入才是其经济增长取向行为长期存在的主要内在驱动力。

（3）地方政府在公共服务供给上"是不为也，非不能也"，不是财力不足，而是没有积极性。长期以来基本公共服务供给相对不足，从供给主体——地方政府方面来看，无外乎两个方面的原因：积极性不够和财政能力不足。第四章分析了地方政府在工业化和城市化过程中追求自主财政收入特别是预算外收入的经营型行为，从而对提供公共服务的积极性不够；进而建立了一个地方政府竞争理论模型，分析了在资本不流动和资本流动两种情况下的地方政府行为，结果表明，地方政府为了追求本地经济增长和财政收入增加，财政支出结构偏向于基础设施建设，而忽视基本公共品的提供。第五章从实证方面分析了基本公共服务供给不足并非地方政府财政能力不够。目前有一种普遍的观点是，分税制改革后中央集中了大部分的财政收入，而地方各级政府也是财权层层上收，事权层层下放，导致基层政府财力与事权严重不匹配，以致无力提供基本公共服务。事实上，经过转移支付进行政府间财力的二次分配后，地方财力并没有减少；相反，无论从相对比例还是从绝对规模来看，地方财力都是在不断增加的，因此"财力与事权不匹配论"或"财力限制论"并不成立。问题并不在地方政府的财力规模上，而在支出结构上，支出结构的优化才是关键。

（4）转移支付是解决基本公共服务供给不均的必要手段，其效果取决于转移支付制度的优劣。中国地区经济发展很不平衡，各地区之间、城乡之间和城乡内部各群体之间收入差距也很大，国家财政收入适当集中非常必要。在财政收入的初次分配中，中央与地方的财力与事权不匹配是一种正常现象。中央与地方之间、地方与地方之间的财政纵向与横向不平衡可以通过转移支付形式的二次分配来解决。转移支付不一定能很好地解决基本公共服务供给不均的问题，但没有转移支付绝对不行，因此重要的问题是如何优化转移支付制度，而不是下放财权。实证研究表明，转移支付在平衡各地财力方面确实发挥了较大作用。不过，在义务教育均等化水平的实证分析中发现，城乡内部差距反而大于城乡之间的差距，今后应进一步优化转移支付的分配方式。

7.2　政策含义

从建立服务型政府，到转变政府职能、改变 GDP 为主的政绩考

核机制，再到树立科学发展观……尽管中央政府一再呼吁并要求地
方政府要把民生工作放在首位，不要追求华而不实的所谓政绩工程
和片面追求经济增长指标，但是地方政府充当企业家的角色冲动仍
然没有消减。事实告诉我们，转变地方政府的执政理念，还需从体
制和机制上做出相应调整。基于前述章节的研究结论，本书认为，
建立城乡统一的基本公共服务体系及基本公共服务导向的激励约束
机制，适当上移基本公共服务的支出责任，同时完善转移支付制度，
将有助于建立健全我国的基本公共服务保障体系。

7.2.1　打破产权逻辑，建立城乡统一的基本公共服务体系

改革开放已经 40 余年的今天，市场经济体制基本确立，多种所
有制经济共同竞争和共同发展的格局逐步形成，城市化发展进入新
的转折点，农村劳动力从无限供给进入有限剩余，打破基本公共服
务保障产权逻辑的时机已经成熟。义务教育、基本医疗卫生服务、
就业服务、基本住房保障等应完全摆脱对所在"单位"的依赖，由
政府按照一定的标准面向所在社区统一提供（当然，这并不意味着
经费来源也由政府全包）。义务教育和基本医疗卫生的服务设施和设
备做到城乡大致均等化；制定鼓励教师和医务人员下乡的激励政策，
加强农村的师资力量和医务技术力量，使义务教育和基本医疗卫生
资源的"硬件"和"软件"资源的布局都基本达到均等化。对于养
老、医疗等社会保障服务，要加大统筹力度，逐步实现机关、事业、
企业单位保障体制并轨，避免出现因退休前"最后一天"所在单位
的性质不同，退休养老和医疗保障待遇相差巨大的情况。公共财政
对面向职工和面向城乡居民的养老、医疗保障的补贴标准应大致均
等，即因单位和个人的缴费水平不同可以有保障待遇的差别，但不

能因单位性质不同或者是否有依靠单位而享受不同的政府补贴。

在快速城市化的背景下，政府要为农民工提供基本而有保障的公共服务。着力解决他们在融入城市的过程中仍然面临的诸多困难，如劳动就业权利得不到保障，养老、医疗、住房保障缺失，子女接受义务教育困难等。对于留在农村从事农业生产的农民，要加快弱化乃至剥离土地的社会保障功能，让他们摆脱对土地产权的依赖，转而以社会化的基本公共服务作为其生存和发展的基本保障，这样才能真正走向城乡统筹发展的轨道。

7.2.2 加强财政管理，建立基本公共服务导向的激励和约束机制

从激励的角度来看，地方政府在激烈的竞争条件下，为了追求自主财政收入和可视政绩，其行为表现为经济增长取向，财政支出偏向于基础设施建设和经济性项目建设，而往往忽视基本公共服务的投入。从财政本身来看，由于财政预算没有包括全部政府收入，各部门大量预算外甚至体制外资金游离于财政预算管理之外，助长了政府各部门追求自身经济利益的行为，忽视本应该提供的基本公共服务。另一方面，削弱了财政部门统一安排的财力，使得用于基本公共服务的资金不足。为此，可从以下两方面入手。

（1）制定基本公共服务最低标准，构建各级政府投入基本公共服务的"倒逼"机制。公共服务的支出标准是公共服务均等化的重要内容和均等化的衡量准绳，公共服务均等化标准取决于国家的经济发展水平和各级政府的财政能力。考虑到我国人口众多、幅员辽阔、区域发展不平衡、城市和农村地区二元结构问题比较突出等特征，应由中央政府实事求是地制定符合我国现阶段国情的基本公共服务的最低标准和相应的支出水平。在此基础上，除按责任划分应

由中央政府直接安排的支出外，中央用此标准"倒逼"地方政府优先安排基本公共服务投入，在全国最低标准之上允许地方政府用自主财力在此基础上进行附加。

（2）实行全口径预算管理，形成部门利益挤压基本公共服务财力的"封杀"机制。所谓全口径预算管理，就是要对全部政府性收支，实行统一、完整、全面、规范的预算管理，也即凡是凭借政府行政权力获得的收入与为行使行政职能所管理的一切支出，都应纳入政府预算管理[270]。构建全口径预算体系的基本目标在于实现预算的完整性，取消局部利益。在完整的预算平台上，财政部门统揽政府收支，废除各级政府和部门的"自筹"制度，政府只能通过财政获得收入，并从事预算法案通过的活动，使其成为真正接受立法机构和社会公众的问责主体。这样，游离于财政预算管理之外的部门利益被"封杀"，财政统筹安排基本公共服务的财力就增加了。

7.2.3　明确各级事权，适当上移基本公共服务支出责任

如前文所分析，由于地方政府有强烈追求自主财政收入最大化的动机，其财政支出行为往往是经济增长取向的，对基本公共服务支出的积极性主动性不足。简单地按财权与事权相匹配或者财力与事权相匹配原则增加基层政府的财权和财力并不能奏效，反而削弱了中央和上级政府对基本公共服务的支出保障能力和均等化调控能力。一条可行的途径是，建立健全各级政府共同参与的基本公共服务支出责任分担机制，通过明确细分各级政府的事权和支出责任来构建基本公共服务提供的有效保障机制，实现基本公共服务的稳定提供。在此基础上，实行财政支出的适当集权，将基本公共服务的一些主要支出责任从目前较低的政府层次上移到较高的政府层次。

适当减轻县乡政府的支出责任，将公共服务的支出重心向省级政府和中央政府上移，形成基本公共服务支出责任由中央和省级政府承担为主的格局。值得指出的是，支出责任和管理责任可以适当分离，支出责任上移并不意味着管理责任也一定要上移。中央和省级政府可以转移支付的形式承担支出责任，专项用于各类基本公共服务项目，但是绝不能采取申报制的项目管理方式，而应该根据各类基本公共服务的核定标准拨款。

——义务教育支出责任的划分。2003年前后义务教育实行"以县为主"的投入体制改革后，农民负担大大减轻，拖欠教师工资现象也大大减少，这说明支出责任上移的方向是正确的。但是由于各地经济和财政收入水平相差巨大，义务教育发展不均衡的现象仍没有得到解决。可行的办法是，进一步上移义务教育的支出重心，让中央和省级政府在义务教育中承担更多的责任。具体设想：中央政府负责义务教育教师的基本工资，这部分工资执行全国统一标准，直接按各地核定的教师编制拨付，不附加任何条件。省级政府根据本地的工资水平负责基础工资以外的各类附加工资和津贴、补贴，以及维持日常运营的公用经费。市、县政府负责本地义务教育基本建设支出和补充部分公用经费（设区的市负责城区，县和县级市负责本县、市）。

——基本医疗卫生支出责任划分。计划生育和卫生防疫属强制性消费的全国性公共物品，应该由中央政府承担支出责任。公立医院由于有较强的地域相关性，并且可以通过收取服务费维持大部分日常支出，适合按省、市、县隶属关系确保各自的正常运营。对于社区医疗机构和农村卫生院和卫生室由县、区级政府负责日常运营，省级政府可按一定的标准给予补助。

——社会保障支出责任划分。养老保险、医疗保险两大主要保险品种应尽快实现全国统筹。在此基础上，对于由财政出资的那部分经费由中央政府承担主要责任，省级政府承担补充责任（主要用于补充各地因工资、物价水平不同而必要的差别待遇）。失业保险以省级政府承担为主，市县负补充责任。生育、工伤保险等财政出资额度较小的非主要社会保险品种由市县负责。一般性社会福利、社会救济等民政事业性支出，涉及人群面窄且项目细小繁杂，宜由市县政府承担主要责任，但如果发生涉及面广的重大事项（如重大自然灾害），则中央和省级政府应提供专项补助。

——住房保障。住房方面应把住房保障与中高档住房消费分开，政府只负责适合低收入群体的基本住房需求，不宜过多干预与基本住房保障无关的商品住房价格。由于住房与土地密切相连，市场价值与地区高度相关，这部分的基本公共服务保障责任应主要由城市政府承担。

7.2.4 优化补助结构，建立均等化导向的转移支付制度

转移支付是调节政府间财政关系的重要工具。转移支付分配的原则和方向、分配方式是否规范、有无科学的依据和公平合理的标准，直接影响转移支付制度和政策能否产生预期的效果。针对我国目前转移支付存在的问题，特别是不利于实现地区基本公共服务均等化的方面，我们应从以下几个方面入手，规范和优化转移支付的分配方式。

第一，各类转移支付手段之间的协调与整合。从总体上讲，转移支付的制度安排、手段整合、分配方式的运用，需要根据转移支付的目标组合而定。转移支付制度的设计和分类，既不能复杂化，

也不能过于简单化[271]。在考虑必要的政治平衡因素基础上，转移支付制度的设计应该服从和服务于公共服务均等化这个目标，特别是要优先考虑基本公共服务均等化。随着税收返还相对规模的逐步下降，我国目前已经形成了以一般性转移支付和专项转移支付为主体，以其他类型的转移支付为辅助的转移支付基本格局。一般性转移支付均等化效应最强，其规模和地位应在现有的基础上有所提高，使之在实现公共服务均等化过程中发挥主导作用。专项转移支付作为一种有条件的补助形式，在调控经济、优化地方财政支出结构、引导地方财政投向国家重点支持的事业方面，具有一般性转移支付不可替代的作用[272]，同时它也可以服务于公共服务均等化的目标。事实上，专项转移支付在重大自然灾害救助、农村特困救助、城镇最低生活保障、军转干部解困等方面都发挥了重要作用[273]。鉴于专项转移支付在管理上的一些弊端，今后其比重应稳中有降，但仍应为转移支付的主要形式之一。税收返还被认为是最不符合财力均等化目标的转移支付形式，很多学者认为应该逐步取消税收返还。其实税收返还只是形式上的转移支付，实质上可以看作一种具有激励性质的税收分成方法。表面上越是发达的地区，税收返还越多，不利于公共服务均等化。但另一方面也调动了地方政府培植财源和征税的积极性，使得发达地区的税收贡献相对更多，最终贫困地区实际收益更多。因此，税收返还仍有必要保留，但比例不宜过大。

第二，改进转移支付分配方法，突出"因素法"在测算中的作用。是否采用"因素法"进行公式化分配，是转移支付资金分配方法是否规范的重要标志[223]。与"基数法"和"项目预算法"相比，因素法的基本特点是资金的分配是依据一些不易受到人为控制的、影响各地财政收入能力和财政支出需求的常规性客观因素，如人均

GDP、地理位置、人口的总量及密度等。针对我国区域发展差距大的实际情况，应将更多的因素纳入转移支付分配应考虑的影响因素，如城市化水平、医疗卫生水平、社会救济需求等。除一般性转移支付外，专项转移支付也要尽量多引入一些客观性因素来测算，严格控制要求地方配套的项目。同时，转移支付因素的测算、公式设计、标准的核实及其他各个环节都要坚持公开、透明原则，以便于监督管理。

第三，优化一般转移支付结构，强化上级政府的基本公共服务出资责任。一般性转移支付（即 2009 年以前的财力性转移支付）以弥补地方财力缺口、平衡地方财政收支为主要目的，其主体是均衡性转移支付。但也有其他形式的一般性转移支付，如民族地区转移支付、调整工资转移支付等，它们以维护国家稳定、减少改革阻力为目的。均衡性转移支付固然有平衡地方财力的作用，但财力均等化并不等于基本公共服务均等化，因为地方政府支出结构的偏向导致其获得的财力并不一定重点用于基本公共服务，因此不能片面强调均衡性转移支付这种"一揽子"转移支付办法。可以考虑在一般性转移支付中单列基础教育、公共医疗卫生、社会保障等公式化转移支付项目，用于弥补地方基本公共服务供给不足。这实际上就是强化了上级政府的基本公共服务出资责任，同时管理责任仍然由地方政府承担。这样既解决了地方政府在基本公共服务方面积极性不高的问题，又能发挥地方政府的信息优势，即充分调动了中央政府和地方政府的积极性。

7.3 不足与展望

当前，学界有大量文献试图对中国经济与社会发展失衡的现象提供一个政治经济学的解释框架，为实现科学、可持续发展提供有效的体制改革策略和政策建议。本书以中国的城市化为背景探讨经济增长与基本公共服务供给失衡背后的逻辑，但这方面的研究仍有大量的工作有待完成。

在理论研究上，本书在对财政分权条件下地方政府竞争引起财政支出结构偏向问题的模型构建中，没有考虑更为复杂的动态过程，也未能对可能出现的多重竞争做进一步的分析。如果把地方政府竞争博弈纳入动态过程来考察，也许应对现有的结论做出必要的修正和完善。另外，Bueovetsky[274]、张晏和夏纪军[213]等讨论了地方政府多重竞争的可能性，这对于自然地理条件和地区经济发展差距悬殊的中国来说，具有较强的针对性。但这种差异性会对地方政府的公共服务供给行为产生什么样的影响？如何在理论上进一步模型化？这是值得研究的问题。

在实证分析上，在财政分权、城市化对地方政府财政支出结构的影响的研究中，由于目前分省城市化率的面板统计数据残缺不全，最后折中的办法是选取了数据资料相对齐全的东、中、西部六个省的数据进行了实证分析，并且由于2007年后我国政府收支分类科目进行了改革，影响了数据的可比性，给实证分析带来了困难，这有可能影响最后结果的可适用性。

此外，对近年来出现的一些新现象值得提出进一步的理论解释。

例如陕西的吴起、广东东莞的石牌镇相继提出免费教育，还有的县在搞全民免费医疗。一些地方政府已经在民生领域率先行动起来了，地方政府竞争在一些局部地区开始出现"拼民生"的现象。如何对这些现象做出解释？显然，简单地用财政分权理论和中央政绩考核指标的变化来解释是无法令人信服的。有学者认为，这是由于目前的政府竞争靠"拼硬件"已经不够了，转移到"拼软件"的新阶段，地方政府对民意也越来越重视了[275]。本书第四章的模型分析也指出了这种趋向的可能性，但并没有形成完整的理论逻辑体系，这方面还有大量的工作要做。

理论是灰色的，而现实之树常青，中国的改革和发展有太多的现实问题值得有志之士积极去探索。

参考文献

［1］刘强. 谁挤占了消费需求：教育医疗住房三大支出负担过重 ［J］. 中国国情国力, 2006（10）：16-18.

［2］迟福林. 我国统筹城乡发展的基本公共服务均等化因素 ［J］. 理论参考, 2011（1）：45-48.

［3］约翰·罗尔斯. 正义论 ［M］. 北京：中国社会科学出版社, 1988.

［4］Samuelson P A. The pure theory of public expenditure ［J］. The review of economics and statistics, 1954, 36（4）：387-389.

［5］Tiebout C M. A Pure Theory of Local Expenditures ［J］. The Journal of Political Economy, 1956, 64（5）：416-424.

［6］冯俏彬, 贾康. 权益—伦理型公共产品：关于扩展的公共产品定义及其阐释 ［J］. 经济学动态, 2010（7）：34-41.

［7］张备. 城市化进程中农村公共产品供给的基础理论与战略 ［J］. 湖北社会科学, 2008（8）：38-40.

［8］安体富, 任强. 公共服务均等化：理论、问题与对策 ［J］. 财贸经济, 2007（8）：48-53.

［9］于长革. 中国式财政分权与公共服务供给的机理分析

[J]. 财经问题研究，2008（11）：84-89.

[10] 江明融. 公共服务均等化论略［J］. 中南财经政法大学学报，2006（3）：43-47.

[11] 刘尚希，杨元杰，张洵. 基本公共服务均等化与公共财政制度［J］. 经济研究参考，2008（40）：2-9.

[12] 武力. 1949—2006 年城乡关系演变的历史分析［J］. 中国经济史研究，2007（1）：23-31.

[13] 陈秀山，王洋. 中国城市化进程的基本特征与存在问题研究［J］. 中央财经大学学报，2010（1）：47-53.

[14] 李霞，王军. 城市化进程中的城市公共物品供给［J］. 西南民族大学学报（人文社科版），2004（9）：82-85.

[15] 叶裕民. 中国城市化之路——经济支持与制度创新［M］. 商务印书馆，2002.

[16] 干春晖，余典范. 城市化与产业结构的战略性调整和升级［J］. 上海财经大学学报，2003（4）：3-10.

[17] 冯邦彦，马星. 中国城市化发展水平及省际差异［J］. 经济经纬，2005（1）：62-65.

[18] Elazar D. Amerиean Federalism：A View from the States［M］. New York：Harper & Row，1987.

[19] Schurmann H F. Ideology and Organization in Communist China［M］. Los Angeles：University of California Press，1966.

[20] 迟福林. 全面理解“公共服务型政府”的基本涵义［J］. 人民论坛，2006（3）：14-15.

[21] 中国（海南）改革发展研究院课题组. 实现人的全面发

展——人类发展与基本公共服务观点综述［M］//中国（海南）改革发展研究院课题组. 基本公共服务与中国人类发展. 北京：中国经济出版社，2008.

[22] 常修泽，王小广. 基本公共服务均等化与中央地方关系［M］//中国（海南）改革发展研究院课题组. 基本公共服务与中国人类发展. 北京：中国经济出版社，2008.

[23] 曹静辉. 公共服务均等化的制度障碍及实现路径［J］. 华中科技大学学报（社会科学版），2010（1）：48-53.

[24]《基本公共服务均等化与政府财政责任》协作课题组. 基本公共服务均等化与政府财政责任［J］. 财会研究，2008（6）：6-14.

[25] 张启春. 区域基本公共服务均等化与政府间转移支付［J］. 华中师范大学学报（人文社会科学版），2009（1）：39-45.

[26] 常修泽. 逐步实现基本公共服务均等化［J］. 人民日报，2007-01-31（9）.

[27] 吕炜，王伟同. 我国基本公共服务提供均等化问题研究——基于公共需求与政府能力视角的分析［J］. 经济研究参考，2008（34）：2-13.

[28] 马国贤. 基本公共服务均等化的公共财政政策研究［J］. 财政研究，2007（10）：74-77.

[29] 项继权. 基本公共服务均等化：政策目标与制度保障［J］. 华中师范大学学报（人文社会科学版），2008（1）：2-9.

[30] 张恒龙，陈宪. 构建和谐社会与实现公共服务均等化［J］. 地方财政研究，2007（1）：13-17.

[31] 束锦. 基本公共服务均等化——十六届六中全会理论创新点解读 [J]. 云南行政学院学报, 2007 (4): 24-27.

[32] 刘尚希. 基本公共服务均等化: 现实要求和政策路径 [J]. 浙江经济, 2007 (13): 24-27.

[33] 曾婧婧. 基本公共服务均等化的新阐释——基于阿玛蒂亚·森自由发展的视角 [J]. 南京工业大学学报 (社会科学版), 2010 (2): 53-57.

[34] 李静毅. 试论基本公共服务均等化的理论依据及其在我国的实现途径 [J]. 财政研究, 2009 (1): 17-19.

[35] 安体富, 任强. 中国公共服务均等化水平指标体系的构建——基于地区差别视角的量化分析 [J]. 财贸经济, 2008 (6): 79-82.

[36] 王莹. 基本公共服务均等化的理念透视 [J]. 中国市场, 2008 (9): 90-91.

[37] 王莹. 公共服务均等化: 基于制度设计要素的思考 [J]. 财贸经济, 2009 (2): 30-34.

[38] 约翰·罗尔斯. 作为公平的正义——正义新论 [M]. 上海: 上海三联书店, 2002.

[39] 阿玛蒂亚·森. 以自由看待发展 [M]. 北京: 中国人民大学出版社, 2002.

[40] 中国经济增长与宏观稳定课题组. 增长失衡与政府责任——基于社会性支出角度的分析 [J]. 经济研究, 2006 (10): 4-17.

[41] 吕炜, 王伟同. 发展失衡、公共服务与政府责任——基于

政府偏好和政府效率视角的分析［J］. 中国社会科学，2008（4）：52-64.

　　［42］丁元竹. 扩大内需的结构和体制约束因素：社会基本公共服务供给不足［J］. 公共管理评论，2006（2）：109-127.

　　［43］常修泽. 中国现阶段基本公共服务均等化研究［J］. 中共天津市委党校学报，2007（2）：66-71.

　　［44］迟福林. 我国社会矛盾的变化与政府转型［J］. 人民论坛，2006（4）：12-13.

　　［45］迟福林. 政府转型与基本公共服务［J］. 理论参考，2011（1）：17-19.

　　［46］林家彬. 城市化进程中的政府公共服务［J］. 开放导报，2008（1）：49-51.

　　［47］安体富. 完善公共财政制度逐步实现公共服务均等化［J］. 东北师大学报（哲学社会科学版），2007（3）：88-93.

　　［48］金人庆. 完善公共财政制度 逐步实现基本公共服务均等化［J］. 求是，2006（22）：7-9.

　　［49］方栓喜，匡贤明. 以基本公共服务均等化为重点调整和改革中央地方关系的建议［J］. 经济前沿，2007（1）：4-7.

　　［50］马国贤. 论"两极"政府建设战略下的财政体制框架——对"五级政府，三级财政"的体制改革思考［J］. 上海财经大学学报，2008（3）：49-52.

　　［51］王伟同. 基本公共服务均等化的一般分析框架研究［J］. 东北财经大学学报，2008（5）：73-77.

　　［52］熊波. 公共服务均等化视角下的财政转移支付：理论、现

实与出路 ［J］. 经济体制改革，2009 （2）：37-41.

　　［53］叶文辉. 农村公共产品供给制度变迁的分析 ［J］. 中国经济史研究，2005 （3）：71-78.

　　［54］楚永生. 农村公共物品供给制度历史变迁与制度创新研究——基于乡村治理模式视角分析 ［C］//中国制度经济学年会论文集，济南：2006.

　　［55］曾天山. 义务教育体制改革的回顾与思考 ［J］. 教育研究，1998 （2）：22-27.

　　［56］周寿祺，顾杏元，朱敖荣. 中国农村健康保障制度的研究进展 ［J］. 中国农村卫生事业管理，1994 （9）.

　　［57］王保真，武迎. 农村新型合作医疗制度与传统合作医疗的比较 ［J］. 中国卫生产业，2003 （12）：77-79.

　　［58］世界银行. 中国：卫生模式转变中的长远问题与对策 ［M］. 北京：中国财政经济出版社，1994：5.

　　［59］杨善发. 中国农村合作医疗制度渊源、流变与当代发展 ［J］. 安徽大学学报（哲学社会科学版），2009 （2）：147-150.

　　［60］王晓晶. 新农合提前实现全覆盖 ［J］. 农民日报，2008-07-11 （4）.

　　［61］胡豹. 城乡公共品供给制度的差异性及统筹改革研究 ［C］//浙江省社会学学会 2006 年年会暨理论研讨会论文集，浙江金华：2006.

　　［62］中国海南改革发展研究院课题组. 基本公共服务体制变迁与制度创新——惠及 13 亿人的基本公共服务 ［J］. 财贸经济，2009 （2）：22-29.

［63］Zhang X，Kanbur R. Spatial inequality ineducation and health care in China ［J］. China Economic Review，2005，16（1）：189-204.

［64］郑磊. 财政分权与教育服务提供的地区差异 ［J］. 北京师范大学学报（社会科学版），2010（2）：99-108.

［65］林万龙. 乡村社区公共产品的制度外筹资：历史、现状及改革 ［J］. 中国农村经济，2002（7）：27-35.

［66］杨东平. 实施城市免费义务教育面临的挑战 ［J］. 教育发展研究，2008（20）：7-11.

［67］胡铭. 基于公共财政的城乡公共卫生资源布局均等化实证分析 ［J］. 农业经济问题，2010（11）：91-96.

［68］赵云旗，申学锋，史卫. 促进城乡基本公共服务均等化的财政政策研究 ［J］. 经济研究参考，2010（16）：42-63.

［69］渠敬东，周飞舟，应星. 从总体支配到技术治理——基于中国30年改革经验的社会学分析 ［J］. 中国社会科学，2009（6）：104-127.

［70］杨翠迎. 中国社会保障制度的城乡差异及统筹改革思路 ［J］. 浙江大学学报（人文社会科学版），2004（3）：13-21.

［71］张光宏. 农地产权制度效率：历史分析与启示 ［J］. 农业经济问题，2005（6）：61-65.

［72］刘鸿渊，叶子荣. 农村土地制度的历史考量与现实困境研究 ［J］. 求实，2010（2）：86-89.

［73］诺思. 经济史中的结构与变迁 ［M］. 上海：三联书店，上海人民出版社，1994.

［74］王能. 制度变迁理论对农村社会保障体制改革的启示［J］. 改革与战略，2009（5）：10-13.

［75］韩芳. 农村土地养老保障功能的调查与思考［J］. 经济研究导刊，2008（14）：172-176.

［76］秦晖. 十字路口的中国二元土地制度［EB/OL］. http：//view. news. qq. com/a/20081008/000005. htm.

［77］顾朝林. 城市化的国际研究［J］. 城市规划，2003（6）：19-24.

［78］郭文杰，李泽红. 城市化与我国二元经济结构的改变［J］. 广西社会科学，2007（3）：58-61.

［79］Boeke J H. Economics and economic policy of dual societies, as exemplified by Indonesia［M］. New York：AMS Press，1978.

［80］Lewis W A. Economic Development with Unlimited Supplies of Labour［J］. The Manchester School，1954，22：31-34.

［81］张培刚. 发展经济学教程［M］. 北京：经济科学出版社，2001.

［82］王小林. 工业化、城市化进程中的公共服务需求与公共财政政策选择［J］. 经济研究参考，2006（17）：23-31.

［83］Todaro M P. A model of labor migration and urban unemployment in less developed countries［J］. The American Economic Review，1969，59（1）：138-148.

［84］Harris J R，Todaro M P. Migration，Unemployment and Development：A Two-Sector Analysis［J］. The American Economic Review，1970，60：126-142.

［85］李陈华，柳思维. 城乡劳动力市场的二元经济理论与政策——统筹城乡发展的洛伦兹分析［J］. 中国软科学，2006（3）：30-41.

［86］蒋智华. 托达罗人口流动模型对我国农村剩余劳动力转移的启示［J］. 经济问题探索，2000（5）：22-24.

［87］Hubbert M K. Degree of Advancement of Petroleum Exploration in the United States［J］. Bulletin of the American Association of Petroleum Geologists，1967，51：2207-2227.

［88］冯云廷. 城市化转折点及其政策含义［J］. 财经问题研究，2010（2）：112-117.

［89］钱纳里，塞尔昆. 发展型式：1950—1970［M］. 北京：经济科学出版社，1988.

［90］杨小凯. 经济学 新兴古典与新古典框架［M］. 北京市：社会科学文献出版社，2003.

［91］Miller S. M. 经济学：新兴古典与新古典框架（书评）［J］. 经济学（季刊），2004，3（2）：509-516.

［92］魁奈. 魁奈经济著作选集［M］. 北京：商务印书馆，2009.

［93］斯密. 国民财富的性质和原因的研究（上卷）［M］. 北京：商务印书馆，1972：370-382.

［94］李嘉图. 政治经济学及赋税原理［M］. 北京：商务印书馆，1962：56-79.

［95］刘纯彬. 走出二元——根本改变我国不合理城乡关系的唯一途径［J］. 农业经济问题，1988（4）：22-26.

[96] 厉以宁. 论城乡二元体制改革 [J]. 北京大学学报（哲学社会科学版），2008（2）：5-11.

[97] 辛逸，高洁. 从"以农补工"到"以工补农"——新中国城乡二元体制述论 [J]. 中共党史研究，2009（9）：15-24.

[98] 周天勇. 托达罗模型的缺陷及其相反的政策含义——中国剩余劳动力转移和就业容量扩张的思路 [J]. 经济研究，2001（3）：75-82.

[99] 李晓春，马轶群. 我国户籍制度下的劳动力转移 [J]. 管理世界，2004（11）：47-52.

[100] 许涤新. 当代中国的人口 [M]. 中国社会科学出版社，1988：294-295.

[101] 饶会林. 城市经济学 [M]. 大连：东北财经大学出版社，1999.

[102] 孙立平. 对社会二元结构的新认识 [J]. 学习月刊，2007（1）：15-16.

[103] 严善平. 人力资本、制度与工资差别——对大城市二元劳动力市场的实证分析 [J]. 管理世界，2007（6）：4-13.

[104] Reich M, Gordon D M, Edwards R C. Dual Labor Markets：A theory of labor market segmentation [J]. The American Economic Review, 1973, 63（2）：359-365.

[105] Cain G G. The challenge of segmented labor market theories to orthodox theory：A survey [J]. Journal of Economic Literature, 1976, 14（4）：1215-1257.

[106] Dickens W T, Lang K. A test of dual labor market theory

［J］. The American Economic Review, 1985, 75 (4): 792-805.

［107］Piore M J. Labor market segmentation: to what paradigm does it belong? ［J］. The American Economic Review, 1983, 73 (2): 249-253.

［108］马斯格雷夫. 财政理论与实践［M］. 北京: 中国财政经济出版社, 2003.

［109］管强. 城市化进程中的公共物品引致供需分析［J］. 中央财经大学学报, 2003 (7): 9-12.

［110］Yang D T. Urban-biased policies and rising income inequality in China［J］. American Economic Review, 1999, 89 (2): 306-310.

［111］Ai-Min C. Urbanization and disparities in China: challenges of growth and development［J］. China Economic Review, 2002, 13: 101-107.

［112］Afonso A, Schuknecht L, Tanzi V. Income distribution determinants and public spending efficiency［J］. Journal of Economic Inequality, 2010: 1-23.

［113］Kuznets S. Economic growth and income inequality［J］. American Economic Review, 1955, 49: 1-28.

［114］Kuznets S. Quantitative aspects of the economic growth of nations, VIII: Distribution of income by size［J］. Economic Development and Cultural Change, 1963, 11 (2): 1-80.

［115］Myrdal G. Economic Theory and Underdeveloped Regions［M］. London: Duckworth, 1957.

［116］威尔伯. 发达与不发达问题的政治经济学［M］. 北京：中国社会科学出版社，1984.

［117］Oates W. Toward A Second-Generation Theory of Fiscal Federalism［J］. International Tax and Public Finance，2005（12）：349-373.

［118］Qian Y，Weingast B R. Federalism as a Commitment to Preserving Market Incentives［J］. Journal of Economic Perspectives，1997，11（4）：83-93.

［119］Oates W E. Fiscal federalism［M］. New York：Harcourt Brace Jovanovich，1972.

［120］Oates W E. An essay on fiscal federalism［J］. Journal of economic literature，1999，37（3）：1120-1149.

［121］康锋莉，李娜. 财政联邦制下收入分配职能的思考［J］. 当代经济，2008（5，上）：140-142.

［122］Weingast B R. Second generation fiscal federalism：The implications of fiscal incentives［J］. Journal of Urban Economics，2009，65（3）：279-293.

［123］Qian Y，Weingast B R. China's Transition to Markets：Market-Preserving Federalism，Chinese Style［J］. Journal of Economic Policy Reform，1996，1（2）：149-185.

［124］Montinola G，Qian Y，Weingast B. Federalism，Chinese Style：the political basis for economic success in China［J］. World Politics，1995，48（1）：50-81.

［125］Qian Y，Roland G. Federalism and the soft budget constraint [J]. American Economic Review, 1998: 1143-1162.

[126] Weingast B R. The economic role of political institutions: market-preserving federalism and economic development [J]. Journal of Law, Economics, and Organization, 1995, 11 (1): 1-31.

[127] 诺斯. 经济史中的结构与变迁 [M]. 上海: 三联书店上海分店, 1991.

[128] Kornai J, Maskin E, Roland G. Understanding the soft budget constraint [J]. Journal of Economic Literature, 2003, 41 (4): 1095-1136.

[129] Zhuravskaya E V. Incentives to provide local public goods: fiscal federalism, Russian style [J]. Journal of Public Economics, 2000, 76 (3): 337-368.

[130] Shleifer A. Government in transition [J]. European Economic Review, 1997, 41 (3): 385-410.

[131] Bardhan P. Decentralization of governance and development [J]. The Journal of Economic Perspectives, 2002, 16 (4): 185-205.

[132] Bardhan P. Awakening Giants, Feet of Clay: a Comparative Assessment of the Rise of China and India [J]. Journal of South Asian Development, 2006, 1 (1): 1-17.

[133] 张军, 高远, 傅勇等. 中国为什么拥有了良好的基础设施? [J]. 经济研究, 2007 (3): 4-19.

[134] Blanchard O, Shleifer A. Federalism with and Without Political Centralization [J]. China Versus Russia., 2001, 48: 171-179.

[135] Riker W. Federalism: Origins, Operation, Significance

［M］．Boston，MA.：Little，Brown and Company，1964.

［136］Enikolopov R，Zhuravskaya E. Decentralization and political institutions ［J］．Journal of Public Economics，2007，91（11-12）：2261-2290.

［137］Keen M，Marchand M. Fiscal competition and the pattern of public spending ［J］．Journal of Public Economics，1997，66（1）：33-53.

［138］傅勇．分权治理与地方政府合意性：新政治经济学能告诉我们什么？［J］．经济社会体制比较，2010（4）：13-22.

［139］王永钦，张晏，章元等．中国的大国发展道路——论分权式改革的得失［J］．经济研究，2007（1）：4-16.

［140］周黎安．晋升博弈中政府官员的激励与合作——兼论我国地方保护主义和重复建设问题长期存在的原因［J］．经济研究，2004（6）：33-40.

［141］Lazear E P，Rosen S. Rank-order tournaments as optimum labor contracts ［J］．The Journal of Political Economy，1981，89（5）：841-864.

［142］Nalebuff B J，Stiglitz J E. Prizes and Incentives Towards a General Theory of Compensation and competition ［J］．The Bell Journal of Economics，1983，14（1）：21-43.

［143］Green J R，Stokey N L. A comparison of tournaments and contracts ［J］．The Journal of Political Economy，1983，91（3）：349-364.

［144］周黎安．中国地方官员的晋升锦标赛模式研究［J］．经

济研究, 2007 (7): 36-50.

[145] Li H, Zhou L A. Political turnover and economic perform-
ance: the incentive role of personnel control in China [J]. Journal of
Public Economics, 2005, 89 (9-10): 1743-1762.

[146] Chen Y, Li H, Zhou L A. Relative performance evaluation
and the turnover of provincial leaders in China [J]. Economics Letters,
2005, 88 (3): 421-425.

[147] Tsui K, Wang Y. Between separate stoves and a single men-
u: Fiscal decentralization in China [J]. The China Quarterly, 2004,
177: 71-90.

[148] 王永钦, 丁菊红. 公共部门内部的激励机制: 一个文献
述评——兼论中国分权式改革的动力机制和代价 [J]. 世界经济文
汇, 2007 (1): 81-96.

[149] 徐现祥, 李郇, 王美今. 区域一体化、经济增长与政治
晋升 [J]. 经济学 (季刊), 2007 (4): 1075-1096.

[150] Shleifer A. A theory of yardstick competition [J]. The
RAND Journal of Economics, 1985, 16 (3): 319-327.

[151] Besley T, Case A. Incumbent behavior: Vote-seeking,
tax-setting, and yardstick competition [J]. The American Economic Re-
view, 1995, 85 (1): 25-45.

[152] Baicker K. The Spillover Effects of State Spending [J].
Journal of Public Economics, 2005, 89: 529-544.

[153] Martinez-Vazquez J, Mcnab R M. Fiscal decentralization
and economic growth [J]. World Development, 2003, 31 (9):

1597-1616.

［154］Holmstrom B, Milgrom P. Multitask principal-agent analyses: Incentive contracts, asset ownership, and job design ［J］. Journal of Law, Economics, and Organization, 1991, 7 (special issue): 24-52.

［155］刘剑雄. 中国的政治锦标赛竞争研究［J］. 公共管理学报, 2008, 5 (3): 24-29.

［156］陶然, 苏福兵, 曦陆等. 经济增长能够带来晋升吗？——对晋升锦标竞赛理论的逻辑挑战与省级实证重估［J］. 管理世界, 2010 (12): 13-26.

［157］林挺进. 中国地级市市长职位升迁的经济逻辑分析［J］. 公共管理研究, 2007 (5): 45-68.

［158］Opper S, Brehm S. Networks versus Performance: Political Leadership Promotion in China ［R］. Working Paper, 2007.

［159］Sheng Y. Career Incentives and Political Control under Authoritarianism: Explaining the Political Fortunes of Subnational Leaders in China ［R］. Working Paper, 2009.

［160］宋小宁, 苑德宇. 基本公共服务供给失衡的政治经济逻辑［J］. 东北财经大学学报, 2009 (2): 63-67.

［161］Benassy-Quere A, Gobalraja N, Trannoy A. Tax and public input competition ［J］. Economic Policy, 2007, 22 (50): 385-430.

［162］陶然, 汪晖. 中国尚未完之转型中的土地制度改革: 调整与改革［J］. 国际经济评论, 2010 (2): 93-123.

［163］Oi J C. Fiscal Reform and the Economic Foundations of Lo-

cal State Corporatism in China [J]. World Politics, 1992, 45 (1):
99-126.

[164] Oi J C. The Role of the Local State in China's Transitional
Economy [J]. China Quarterly, 1995, 144: 1132-1150.

[165] Wong C P W. Fiscal Reform and Local Industrialization:
The Problematic Sequencing of Reform in Post-Mao China [J]. Modern
China, 1992, 18 (2): 192-227.

[166] Bah R, Wallich C. Intergovernmental Fiscal Relations in
China [R]. The Word Bank, 1999.

[167] Walder A G. Local Governments as Industrial Firms: An
Organizational Analysis of China's Transitional Economy [J]. The Ameri-
can Journal of Sociology, 1995, 101 (2): 263-301.

[168] Naughton B J, Yang D L. Holding China Together: Diver-
sity and National Integration in the Post-Deng Era [M]. Cambridge:
Cambridge University Press, 2004.

[169] Oi J C. The Evolution of Local State Corporatism [M] //
Walder A G. Zouping in Transition: The Process of Reform in Rural
North China. Cambridge: Harvard University Press, 1998.

[170] Weitzman M L, Xu C. Chinese Township-Village Enterpri-
ses as Vaguely Defined Cooperatives [J]. Journal of Comparative Eco-
nomics, 1994, 18 (2): 121-145.

[171] Nee V. Organizational Dynamics of Market Transition: Hy-
brid Forms, Property Rights, and Mixed Economy in China [J]. Ad-
ministrative Science Quarterly, 1992, 37 (1): 1-27.

[172] 丘海雄，徐建牛. 市场转型过程中地方政府角色研究述评 [J]. 社会学研究，2004（4）：24-30.

[173] 王珺. 增长取向的适应性调整：对地方政府行为演变的一种理论解释 [J]. 管理世界，2004（8）：53-60.

[174] 刘守英. 城市化、土地制度与经济可持续发展：以土地为依托的城市化到底能持续多久？[R]. 世界银行报告，2005.

[175] 周雪光. "逆向软预算约束"：一个政府行为的组织分析 [J]. 中国社会科学，2005（2）：132-143.

[176] Kornai J. Resource-Constrained Versus Demand-Constrained Systems [J]. Econometrica，1979，47（4）：801-819.

[177] 张闫龙. 财政分权与省以下政府间关系的演变——对 20 世纪 80 年代 A 省财政体制改革中政府间关系变迁的个案研究 [J]. 社会学研究，2006（3）：39-63.

[178] 杨雷. 财政分权中非正式财政收入的膨胀及后果 [J]. 上海财经大学学报，2004（3）：3-11.

[179] Jin H，Qian Y，Weingast B. Regional decentralization and fiscal incentives：federalism，Chinese Style [J]. Journal of Public Economics，2005，89（9-10）：1719-1742.

[180] 威廉·伊斯特利. 在增长的迷雾中求索：经济学家在欠发达国家的探险与失败 [M]. 北京：中信出版社，2005.

[181] Zodrow G R，Mieszkowski P. Pigou，Tiebout，property taxation，and the underprovision of local public goods [J]. Journal of Urban Economics，1986，19（3）：356-370.

[182] Schulze G G，Ursprung H W. Globalization of the Economy

and the Nation State ［J］. World Economy, 1999, 22 （3）: 295-352.

［183］Cumberland J H. Efficiency and Equity in Interregional Environmental Management ［J］. Review of Regional Studies, 1981, 10 （2）: 1-9.

［184］Rom M C, Peterson P E, Kenneth S. Interstate Competition and Welfare Policy ［J］. Publius: the Journal of Federalism, 1998, 28 （3）: 17-38.

［185］Maskin E, Qian Y, Xu C. Incentives, Information, and Organizational Form ［J］. Review of Economic Studies, 2000, 67: 359-378.

［186］傅勇. 中国的分权为何不同: 一个考虑政治激励与财政激励的分析框架 ［J］. 世界经济, 2008 （11）: 16-25.

［187］王贤彬, 徐现祥. 转型期的政治激励、财政分权与地方官员经济行为 ［J］. 南开经济研究, 2009 （2）: 58-79.

［188］傅勇, 张晏. 中国式分权与财政支出结构偏向: 为增长而竞争的代价 ［J］. 管理世界, 2007 （3）: 4-12.

［189］Cai H, Treisman D. Does Competition for Capital Discipline Governments? Decentralization, Globalization, and Public Policy ［J］. The American Economic Review, 2005, 95 （3）: 817-830.

［190］Osborne M J, Slivinski A. A Model of Political Competition with Citizen-Candidates ［J］. Quarterly Journal of Economics, 1996, 111 （1）: 65-96.

［191］Besley T, Coate S. An Economic Model of Representative Democracy ［J］. Quarterly Journal of Economics, 1997, 112 （1）:

85-114.

[192] Tanzi V, Davoodi H. Corruption [J]. Public investment, and Growth, 1997, WP/97/139.

[193] Mauro P. Corruption and growth [J]. Quarterly Journal of Economics, 1995, 110 (3): 681-712.

[194] Mauro P. Corruption and the composition of government expenditure [J]. Journal of Public Economics, 1998, 69 (2): 263-279.

[195] 郑磊. 财政分权、政府竞争与公共支出结构——政府教育支出比重的影响因素分析 [J]. 经济科学, 2008 (1): 28-40.

[196] 平新乔. 中国地方政府支出规模的膨胀趋势 [J]. 经济社会体制比较, 2007 (1): 50-58.

[197] 陈志勇, 陈莉莉. "土地财政": 缘由与出路 [J]. 财政研究, 2010 (1): 29-34.

[198] 宋立, 许生. 各级政府支出责任划分改革与支出结构优化调整 [J]. 经济研究参考, 2009 (26): 46-64.

[199] 中国社会科学院财贸与经济研究所课题组. "十二五"时期的中国财政支出结构改革 [J]. 经济理论与经济管理, 2010 (11): 5-14.

[200] Faguet J P. Does decentralization increase government responsiveness to local needs?: Evidence from Bolivia [J]. Journal of public economics, 2004, 88 (3-4): 867-893.

[201] West L A, Wong C. Fiscal decentralization and growing regional disparities in rural China: some evidence in the provision of social

services [J]. Oxford Review of Economic Policy, 1995, 11 (4): 70-84.

[202] 乔宝云, 范剑勇, 冯兴元. 中国的财政分权与小学义务教育 [J]. 中国社会科学, 2005 (6): 37-46.

[203] 张恒龙, 陈宪. 财政竞争对地方公共支出结构的影响——以中国的招商引资竞争为例 [J]. 经济社会体制比较, 2006 (6): 57-64.

[204] Granado F J A D, Martinez-Vazquez J, Mcnab R. Decentralization and the Composition of Public Expenditure [J]. Andrew Young School of Policy Studies, Georgia State University, 2005.

[205] Fiva J H. New evidence on the effect of fiscal decentralization on the size and composition of government spending [J]. Public Finance Analysis, 2006, 62 (2): 250-280.

[206] Bird R M. On measuring fiscal centralization and fiscal balance in federal states [J]. Environment and Planning C: Government and Policy, 1986, 4 (4): 389-404.

[207] Lin J Y, Liu Z. Fiscal Decentralization and Economic Growth in China [J]. Economic Development and Cultural Change, 2000, 49 (1): 1-20.

[208] 陈硕. 分税制改革、地方财政自主权与公共品供给 [J]. 经济学 (季刊), 2010, 9 (4): 1427-1446.

[209] 黄君洁. 地区差距、财政支出分权与人类发展——基于中国的经验研究 [J]. 山西财经大学学报, 2009 (10): 35-44.

[210] Zhang T, Zou H. Fiscal decentralization, public spending,

and economic growth in China〔J〕. Journal of Public Economics，1998，67（2）：221-240.

〔211〕张晏，龚六堂. 分税制改革、财政分权与中国经济增长〔J〕. 经济学（季刊），2005（4）：75-108.

〔212〕王文剑，仇建涛，覃成林. 财政分权、地方政府竞争与FDI的增长效应〔J〕. 管理世界，2007（3）：13-22.

〔213〕张晏，夏纪军. 地区竞争与市场化进程的趋同性——中国是否会出现"一个国家，两种经济"〔J〕. 财经问题研究，2007（4）：11-18.

〔214〕周业安. 县级财政支出管理体制改革的理论与对策〔J〕. 管理世界，2000（5）：122-132.

〔215〕李婉. 财政分权与地方政府支出结构偏向——基于中国省级面板数据的研究〔J〕. 上海财经大学学报，2007（5）：75-82.

〔216〕Oates W E. Searching for Leviathan：An empirical study〔J〕. The American Economic Review，1985，75（4）：748-757.

〔217〕朱玲. 西藏农牧区基层公共服务供给与减少贫困〔J〕. 管理世界，2004（4）：41-50.

〔218〕Buchanan J M. Federalism and fiscal equity〔J〕. The American Economic Review，1950，40（4）：583-599.

〔219〕Pigou A C. A Study in Public Finance〔M〕. London：Macmillan，1929.

〔220〕Boadway R. The Theory and Practice of Equalization〔J〕. CESifo Economic Studies，2004，55（1）：211-254.

〔221〕张鸣鸣，夏杰长. 中国省际间基本公共服务差距的实证

分析与政策建议［J］. 经济研究参考，2009（38）：30-38.

［222］王小林，徐丽萍. 中国财政体制改革：制度演进与优化［J］. 经济研究参考，2009（45）：2-11.

［223］孙开. 财政转移支付手段整合与分配方式优化研究［J］. 财贸经济，2009（7）：45-49.

［224］王新秀. 专项资金管理使用中存在的问题与对策［J］. 经济论坛，2008（7）：85-86.

［225］Raiser M. Subsidising inequality：Economic reforms，fiscal transfers and convergence across Chinese provinces［J］. Journal of Development Studies，1998，34（3）：1-26.

［226］王绍光. 中国财政转移支付的政治逻辑［J］. 战略与管理，2002（3）：47-54.

［227］Becker E. The Illusion of Fiscal Illusion：Unsticking the Flypaper Effect［J］. Public Choice，1996，86：85-102.

［228］Knight B. Endogenous Federal Grants and Crowd-Out of State Government Spending：Theory and Evidence from the Federal Highway Program［J］. American Economic Review，2002，92：71-92.

［229］Gordon N. Do Federal Grants Boost School Spending? Evidence from Title I［J］. Journal of Public Economics，2004，88（9-10）：1771-1791.

［230］Dahlberg M，Mork E，Rattso J，et al. Using a Discontinuios Grant Rule to Identify the Effect of Grants on Local Taxes and Spending［J］. Journal of Public Economics，2008，92：2320-2335.

［231］Gamkhar S，Oates W. Asymmetries in the Response to Increases and Decreases in Intergovernmental Grants: Some Empirical Findings [J]. National Tax Journal, 1996, 59: 501-502.

[232] Bucovetsky S. Federalism, Equalization and Risk Aversion [J]. Journal of Public Economics, 1998, 67 (3): 301-328.

[233] Kothenburger M. Tax Competition and Fiscal Equalization [J]. International Tax and Public Finance, 2002, 9: 391-408.

[234] Rizzo L. Local Government Responsiveness to Federal Transfers: Theory and Evidence [J]. International Tax and Public Finance, 2008, 15 (3): 316-337.

[235] 乔宝云,范剑勇,彭骥鸣. 政府间转移支付与地方财政努力 [J]. 管理世界, 2006 (3): 50-56.

[236] 李永友,沈玉平. 转移支付与地方财政收支决策——基于省级面板数据的实证研究 [J]. 管理世界, 2009 (11): 41-53.

[237] Fuente A, Vives X. Infrastructure and education as instruments of regional policy: Evidence from Spain [J]. Economic Policy, 1995 (April): 11-51.

[238] Sinn H W. Germany's economic unification: an assessment after ten year [R]. NBER Working Paper, 2000 (7586).

[239] Barro R J, Sala-I-Martin X. Convergence across States and Regions [J]. Brookings Papers on Economic Activity, 1991 (1): 107-182.

[240] 马拴友,于红霞. 转移支付与地区经济收敛 [J]. 经济研究, 2003 (3): 26-33.

[241] 江新昶. 转移支付、地区发展差距与经济增长——基于

面板数据的实证检验［J］. 财贸经济，2007（6）：50-56.

［242］王雍君. 中国的财政均等化与转移支付体制改革［J］. 中央财经大学学报，2006（9）：1-5.

［243］Tsui K. Local tax system, intergovernmental transfers and China's local fiscal disparities［J］. Journal of Comparative Economics, 2005, 33（1）：173-196.

［244］曾军平. 政府间转移支付制度的财政平衡效应研究［J］. 经济研究，2000（6）：27-32.

［245］尹恒，康琳琳，王丽娟. 政府间转移支付的财力均等化效应——基于中国县级数据的研究［J］. 管理世界，2007（1）：48-55.

［246］刘溶沧，焦国华. 地区间财政能力差异与转移支付制度创新［J］. 财贸经济，2002（6）：5-12.

［247］曹俊文，罗良清. 转移支付的财政均等化效果实证分析［J］. 统计研究，2006（1）：43-45.

［248］尹恒，朱虹. 中国县级地区财力缺口与转移支付的均等性［J］. 管理世界，2009（4）：37-46.

［249］岳军. 公共服务均等化、财政分权与地方政府行为［J］. 财政研究，2009（5）：37-39.

［250］Concei O P, Galbraith J K. Constructing long and dense time-series of inequality using the Theil index［J］. Eastern Economic Journal, 2000, 26（1）：61-74.

［251］Cowell F A. Measurement of inequality［J］. Handbook of income distribution, 2000, 1：87-166.

［252］Lynch J W, Kaplan G A, Pamuk E R, et al. Income inequality and mortality in metropolitan areas of the United States ［J］. American Journal of Public Health, 1998, 88 (7)：1074.

［253］Deshpande A. Does caste still define disparity? A look at inequality in Kerala, India ［J］. American Economic Review, 2000, 90 (2)：322-325.

［254］Mussard S, Seyte F, Terraza M. Decomposition of Gini and the generalized entropy inequality measures ［J］. Economics Bulletin, 2003, 4 (7)：1-6.

［255］Yang D T. Urban-biased policies and rising income inequality in China ［J］. American Economic Review, 1999, 89 (2)：306-310.

［256］黄小平, 方齐云. 中国财政对医疗卫生支持的区域差异——基于泰尔指数的角度 ［J］. 财政研究, 2008 (4)：41-45.

［257］王晓洁. 中国公共卫生支出均等化水平的实证分析——基于地区差别视角的量化分析 ［J］. 财贸经济, 2009 (2)：46-49.

［258］王伟同. 城市化进程与城乡基本公共服务均等化 ［J］. 财贸经济, 2009 (2)：40-45.

［259］俞雅乖. 基本公共服务城乡差距及均等化的财政机制 ［J］. 经济体制改革, 2009 (1)：120-123.

［260］王翠芳. 试探新农村建设中城乡基本公共服务均等化问题 ［J］. 经济问题, 2007 (5)：82-84.

［261］Bourguignon F. Decomposable Income Inequality Measures ［J］. Econometrica, 1979 (47)：901-920.

［262］Shorrocks A F. The Class of Additively Decomposable Ine-quality Measures ［J］. Econometrica, 1980, 48: 613-625.

［263］杨俊, 黄潇, 李晓羽. 教育不平等与收入分配差距: 中国的实证分析 ［J］. 管理世界, 2008 (1): 38-47.

［264］祁毓. 区域公平背景下我国财政对教育支持的绩效变迁及路径再完善——基于泰尔指数及其分解的视角 ［J］. 地方财政研究, 2009 (8): 26-31.

［265］赵力涛. 中国义务教育经费体制改革: 变化与效果 ［J］. 中国社会科学, 2009 (4): 80-92.

［266］Cowell F A. Multilevel Decomposition of Theil's index of In-eqality: a note ［J］. Review of Income and Wealth, 1985, 33: 201-205.

［267］Akita T. Decomposing regional income inequality in China and Indonesia using two-stage nested Theil decomposition method ［J］. The Annuals of Regional Science, 2003, 33: 55-77.

［268］冯海波, 陈旭佳. 公共医疗卫生支出财政均等化水平的实证考察——以广东省为样本的双变量泰尔指数分析 ［J］. 财贸经济, 2009 (11): 49-53.

［269］邓苏, 张晓. 山东省区域经济差距的变动趋势与内部构成 ［J］. 东岳论丛, 2006 (4): 70-75.

［270］钱莲琳. "全口径预算": 健全政府预算体系的突破口 ［J］. 地方财政研究, 2011 (4): 1.

［271］刘尚希, 李敏. 论政府间转移支付的分类 ［J］. 财贸经济, 2006 (3): 17-22.

［272］张弘力，林桂凤，夏先德. 论中央对地方专项拨款［J］. 财政研究，2000（5）：16-20.

［273］孙开. 专项转移支付现状考察与管理方式优化［J］. 财政研究，2010（8）：65-67.

［274］Bueovetsky S. Public Input Competition ［J］. Journal of Public Economics，2005，89：1763-1787.

［275］周业安. "拼民生"成地方竞争新趋势［J］. 人民论坛，2010（33）：52-53.

附录 A   第4.3节（4.12）式的证明

由正文中（4.1）式和（4.9）式可得

$$\frac{\partial Y_i}{\partial K_i} = A_i I_i{}^{\alpha} \beta K_i{}^{\beta-1} = \frac{\varphi}{1-\tau} \qquad (A.1)$$

即

$$A_i I_i{}^{\alpha} \beta K_i{}^{\beta-1} - \frac{\varphi}{1-\tau} = 0 \qquad (A.2)$$

此为关于变量 I_i 和 K_i 的隐函数，令

$$W(I_i, K_i) = A_i \beta I_i{}^{\alpha} K_i{}^{\beta-1} - \frac{\varphi}{1-\tau} \qquad (A.3)$$

根据隐函数的求导法则，有

$$\frac{\partial K_i}{\partial I_i} = -\frac{W_{I_i}}{W_{K_i}} = -\frac{A_i \beta \alpha I_i{}^{\alpha-1} K_i{}^{\beta-1}}{A_i \beta I_i{}^{\alpha}(\beta-1)K_i{}^{\beta-2}} = \frac{\alpha}{1-\beta} \cdot \frac{K_i}{I_i} \qquad (A.4)$$

在资本可流动条件下，对正文（4.1）式两边求导（A_i 视为常数）可得

$$\frac{dY_i}{dI_i} = \frac{\partial Y_i}{\partial I_i} + \frac{\partial Y_i}{\partial K_i} \cdot \frac{\partial K_i}{\partial I_i} = A_i\left(\alpha I_i{}^{\alpha-1} K_i{}^{\beta} + I_i{}^{\alpha} \beta K_i{}^{\beta-1} \frac{\partial K_i}{\partial I_i}\right) \qquad (A.5)$$

由正文（4.11）式和以上（A.4）式可得

$$I_i = \left(\frac{A_i}{\theta_2} \cdot \frac{\alpha}{1-\beta} K_i{}^{\beta}\right)^{\frac{1}{1-\alpha}} \qquad (A.6)$$

将 θ_2 的值代入即得

$$I_i = (1-\beta)^{-\frac{1}{1-\alpha}} \left[\left(\frac{\xi}{\eta} + \gamma\tau \right) \alpha A_i K_i^{\ \beta} \right]^{\frac{1}{1-\alpha}}$$ 　（A.7）

原式得证。

附录 B 第 5.3 节模型各变量数据表

表 B1 自变量数据表

自变量	人均地区生产总值（PGDP）	财政收入分权度（FD1）	财政支出分权度（FD2）	城市化率（URB）	人口密度（POPD）	政府竞争度（COMP）
单位	千元/人（按1952年不变价）	比值（各省人均值与本省及中央人均值之和的比值）	比值（各省人均值与本省及中央人均值之和的比值）	比值（城市人口与城乡总人口的比值）	人/平方公里	比值（以单位GDP实际利用外资额的全国平均值为1）
江苏—1998	2.6844	0.5216	0.6835	0.3150	700.04	1.7152
江苏—1999	2.9428	0.5232	0.6409	0.3494	703.03	1.8490
江苏—2000	3.2032	0.5789	0.6438	0.4150	714.16	1.8300
江苏—2001	3.5151	0.6059	0.6698	0.4260	716.85	1.7616
江苏—2002	3.9113	0.5926	0.6789	0.4470	719.39	2.2297
江苏—2003	4.4292	0.6413	0.7416	0.4677	721.81	3.2238
江苏—2004	5.0643	0.6496	0.8055	0.4818	724.42	2.1333
江苏—2005	5.7651	0.7311	0.8628	0.5050	728.51	2.1873
江苏—2006	6.5582	0.7442	0.8672	0.5190	735.82	2.7081
江苏—2007	7.4585	0.7556	0.8890	0.5320	743.00	2.9268
江苏—2008	8.3192	0.7705	0.8976	0.5430	748.00	2.6967
江苏—2009	9.2920	0.6083	0.8198	0.5560	752.92	2.7794

续表

自变量	人均地区生产总值（PGDP）	财政收入分权度（FD1）	财政支出分权度（FD2）	城市化率（URB）	人口密度（POPD）	政府竞争度（COMP）
单位	千元/人（按1952年不变价）	比值（各省人均值与本省及中央人均值之和的比值）	比值（各省人均值与本省及中央人均值之和的比值）	比值（城市人口与城乡总人口的比值）	人/平方公里	比值（以单位GDP实际利用外资额的全国平均值为1）
浙江—1998	2.8902	0.5616	0.7436	0.3600	437.74	0.4843
浙江—1999	3.1666	0.6029	0.7332	0.4000	439.63	0.6262
浙江—2000	3.3625	0.6930	0.7353	0.4900	459.72	0.6399
浙江—2001	3.7067	0.6931	0.8586	0.5100	461.42	0.7499
浙江—2002	4.1457	0.8142	0.9233	0.5200	464.71	0.9008
浙江—2003	4.7223	0.8827	0.9870	0.5300	467.92	1.4254
浙江—2004	5.3610	0.9237	1.0097	0.5400	471.85	1.5125
浙江—2005	5.9297	0.8997	0.9957	0.5600	481.14	1.7455
浙江—2006	6.6431	0.8841	0.9611	0.5700	489.19	1.8988
浙江—2007	7.4990	0.8393	0.9477	0.5700	497.05	1.8995
浙江—2008	8.1597	0.8177	0.9152	0.5800	502.95	1.5255
浙江—2009	8.7829	0.6058	0.8175	0.5790	508.84	1.6351
湖北—1998	1.1739	0.3613	0.5479	0.3190	315.22	1.1590
湖北—1999	1.2584	0.3599	0.5404	0.3352	316.86	0.6301
湖北—2000	1.3615	0.3403	0.4936	0.4047	318.04	0.6486
湖北—2001	1.4785	0.3024	0.5474	0.3864	318.81	0.7293
湖北—2002	1.6112	0.2763	0.4975	0.3922	319.52	0.7590
湖北—2003	1.7636	0.2576	0.4721	0.3978	320.26	0.8308
湖北—2004	1.9566	0.2541	0.4902	0.4035	321.03	0.9696
湖北—2005	2.1879	0.2572	0.4976	0.4090	321.82	1.0177
湖北—2006	2.4689	0.2669	0.5628	0.4121	322.84	1.0861
湖北—2007	2.8176	0.2504	0.5572	0.4159	323.91	1.0313

续表

自变量	人均地区生产总值（PGDP）	财政收入分权度（FD1）	财政支出分权度（FD2）	城市化率（URB）	人口密度（POPD）	政府竞争度（COMP）
单位	千元/人（按1952年不变价）	比值（各省人均值与本省及中央人均值之和的比值）	比值（各省人均值与本省及中央人均值之和的比值）	比值（城市人口与城乡总人口的比值）	人/平方公里	比值（以单位GDP实际利用外资额的全国平均值为1）
湖北—2008	3.1738	0.2519	0.5730	0.4224	326.08	0.9319
湖北—2009	3.8484	0.3461	0.7618	0.4600	305.23	1.0673
湖南—1998	0.9015	0.3046	0.4863	0.2590	306.99	0.5020
湖南—1999	0.9727	0.2802	0.4572	0.2639	308.40	0.4523
湖南—2000	1.0553	0.2553	0.4229	0.2975	309.82	0.4678
湖南—2001	1.1444	0.2426	0.4419	0.3080	311.42	0.4945
湖南—2002	1.2413	0.2370	0.4684	0.3200	312.96	0.5665
湖南—2003	1.3534	0.2399	0.4514	0.3350	314.58	0.8112
湖南—2004	1.5093	0.2357	0.4902	0.3550	316.23	0.6628
湖南—2005	1.6758	0.2426	0.5000	0.3700	317.85	0.9666
湖南—2006	1.8702	0.2395	0.5115	0.3871	319.55	1.1522
湖南—2007	2.1296	0.2295	0.5292	0.4045	321.33	1.2234
湖南—2008	2.3883	0.2286	0.5471	0.4215	323.19	1.1682
湖南—2009	2.9017	0.3296	0.7511	0.4320	302.46	1.3315
甘肃—1998	1.3351	0.2709	0.5748	0.2352	55.99	0.0808
甘肃—1999	1.4424	0.2523	0.5544	0.2372	56.50	0.0954
甘肃—2000	1.5735	0.2268	0.5873	0.2401	56.82	0.1443
甘肃—2001	1.7148	0.2116	0.6173	0.2451	57.23	0.1546
甘肃—2002	1.8713	0.1998	0.6156	0.2596	57.61	0.0968
甘肃—2003	2.0638	0.2004	0.6041	0.2738	57.85	0.0705
甘肃—2004	2.2877	0.1959	0.6219	0.2861	58.20	0.0553
甘肃—2005	2.5827	0.1967	0.6378	0.3002	57.65	0.0321

续表

自变量	人均地区生产总值（PGDP）	财政收入分权度（FD1）	财政支出分权度（FD2）	城市化率（URB）	人口密度（POPD）	政府竞争度（COMP）
单位	千元/人（按1952年不变价）	比值（各省人均值与本省及中央人均值之和的比值）	比值（各省人均值与本省及中央人均值之和的比值）	比值（城市人口与城乡总人口的比值）	人/平方公里	比值（以单位GDP实际利用外资额的全国平均值为1）
甘肃—2006	2.8668	0.1838	0.6595	0.3109	57.92	0.0436
甘肃—2007	3.2060	0.1878	0.6849	0.3159	58.16	0.1502
甘肃—2008	3.5164	0.2183	0.7818	0.3215	58.40	0.1316
甘肃—2009	3.8678	0.2878	0.8053	0.3265	58.57	0.1494
青海—1998	1.0566	0.3208	1.0131	0.3464	6.98	0.0871
青海—1999	1.1266	0.3055	1.0425	0.3459	7.08	0.0505
青海—2000	1.2114	0.3037	1.0544	0.3476	7.17	0.3666
青海—2001	1.3362	0.2951	1.3075	0.3632	7.27	0.7677
青海—2002	1.4820	0.2712	1.3083	0.3768	7.34	0.9555
青海—2003	1.6416	0.2680	1.1986	0.3818	7.41	1.1023
青海—2004	1.8267	0.2469	1.1636	0.3853	7.48	1.2729
青海—2005	2.0316	0.2572	1.2043	0.3925	7.54	1.4869
青海—2006	2.2608	0.2615	1.2745	0.3926	7.61	1.4461
青海—2007	2.5254	0.2647	1.3579	0.4007	7.66	1.3614
青海—2008	2.8322	0.2796	1.3917	0.4086	7.70	0.7446
青海—2009	3.1015	0.5260	0.8843	0.4190	7.74	0.7520

表B2 因变量数据表

因变量	教育支出（EDU）	卫生支出（HEAL）	社会保障支出（SSEC）	行政管理支出（ADM）	基本建设支出（INF）
江苏—1998	0.2112	0.0674	0.0699	0.1635	0.0722
江苏—1999	0.2114	0.0641	0.0753	0.1665	0.0783
江苏—2000	0.1986	0.0551	0.0773	0.1637	0.0775

续表

因变量	教育支出 （EDU）	卫生支出 （HEAL）	社会保障支出 （SSEC）	行政管理支出 （ADM）	基本建设支出 （INF）
江苏—2001	0.1982	0.0513	0.0818	0.1600	0.0836
江苏—2002	0.1888	0.0487	0.0873	0.1826	0.0739
江苏—2003	0.1709	0.0530	0.0925	0.1847	0.0725
江苏—2004	0.1634	0.0476	0.0904	0.1948	0.0771
江苏—2005	0.1543	0.0449	0.0939	0.1882	0.0919
江苏—2006	0.1481	0.0445	0.0929	0.1954	0.0903
江苏—2007	0.1930	0.0451	0.0832	0.2541	
江苏—2008	0.1825	0.0458	0.0713	0.2370	
江苏—2009	0.1694	0.0493	0.0745	0.2124	
浙江—1998	0.1875	0.0742	0.0396	0.1748	0.0551
浙江—1999	0.1854	0.0691	0.0389	0.1793	0.0619
浙江—2000	0.1813	0.0632	0.0401	0.1849	0.0649
浙江—2001	0.1813	0.0548	0.0401	0.1816	0.0747
浙江—2002	0.1826	0.0496	0.0471	0.1863	0.0746
浙江—2003	0.1831	0.0506	0.0529	0.1950	0.0706
浙江—2004	0.1882	0.0496	0.0539	0.2053	0.0689
浙江—2005	0.1830	0.0513	0.0543	0.2060	0.0730
浙江—2006	0.1828	0.0568	0.0561	0.2015	0.0680
浙江—2007	0.2125	0.0621	0.0598	0.2782	
浙江—2008	0.2056	0.0647	0.0641	0.2590	
浙江—2009	0.1957	0.0667	0.0577	0.2317	
湖北—1998	0.1545	0.0566	0.1028	0.1526	0.0930
湖北—1999	0.1499	0.0527	0.0992	0.1500	0.1267
湖北—2000	0.1564	0.0518	0.1373	0.1642	0.0765
湖北—2001	0.1455	0.0444	0.1290	0.1519	0.1590
湖北—2002	0.1629	0.0437	0.1517	0.1715	0.0980
湖北—2003	0.1648	0.0449	0.1807	0.1752	0.0568
湖北—2004	0.1617	0.0408	0.1734	0.1892	0.0580

续表

因变量	教育支出（EDU）	卫生支出（HEAL）	社会保障支出（SSEC）	行政管理支出（ADM）	基本建设支出（INF）
湖北—2005	0.1526	0.0400	0.1714	0.2095	0.0580
湖北—2006	0.1389	0.0430	0.1752	0.1851	0.0489
湖北—2007	0.1704	0.0519	0.1658	0.2595	
湖北—2008	0.1722	0.0576	0.1705	0.2372	
湖北—2009	0.1517	0.0666	0.1645	0.2133	
湖南—1998	0.1437	0.0395	0.0237	0.1741	0.1051
湖南—1999	0.1422	0.0373	0.1331	0.1671	0.1203
湖南—2000	0.1463	0.0342	0.1596	0.1690	0.1095
湖南—2001	0.1508	0.0313	0.1695	0.1693	0.0913
湖南—2002	0.1557	0.0276	0.1767	0.1618	0.1093
湖南—2003	0.1570	0.0293	0.1806	0.1732	0.0896
湖南—2004	0.1450	0.0274	0.1910	0.1671	0.0646
湖南—2005	0.1408	0.0280	0.1840	0.1661	0.0858
湖南—2006	0.1336	0.0325	0.1835	0.1651	0.0683
湖南—2007	0.1684	0.0436	0.1628	0.2601	
湖南—2008	0.1763	0.0496	0.1758	0.2345	
湖南—2009	0.1618	0.0720	0.1632	0.2087	
甘肃—1998	0.1545	0.0511	0.0705	0.1748	0.0898
甘肃—1999	0.1597	0.0473	0.1066	0.1770	0.0824
甘肃—2000	0.1464	0.0428	0.1408	0.1552	0.1087
甘肃—2001	0.1528	0.0420	0.1154	0.1593	0.1664
甘肃—2002	0.1541	0.0388	0.1453	0.1571	0.1475
甘肃—2003	0.1586	0.0393	0.2097	0.1500	0.1100
甘肃—2004	0.1503	0.0376	0.1935	0.1437	0.0921
甘肃—2005	0.1572	0.0416	0.1926	0.1475	0.1054
甘肃—2006	0.1655	0.0439	0.1628	0.1472	0.1118
甘肃—2007	0.1836	0.0608	0.1582	0.2208	
甘肃—2008	0.1889	0.0602	0.1587	0.1780	

续表

因变量	教育支出 （EDU）	卫生支出 （HEAL）	社会保障支出 （SSEC）	行政管理支出 （ADM）	基本建设支出 （INF）
甘肃—2009	0.1656	0.0709	0.1603	0.1666	
青海—1998	0.1343	0.0560	0.1818	0.1888	0.0676
青海—1999	0.1193	0.0445	0.2170	0.1708	0.1271
青海—2000	0.1065	0.0413	0.2562	0.1539	0.1598
青海—2001	0.1005	0.0410	0.2068	0.1398	0.2589
青海—2002	0.0970	0.0372	0.2048	0.1285	0.2951
青海—2003	0.1035	0.0434	0.2244	0.1356	0.2420
青海—2004	0.1111	0.0462	0.2248	0.1462	0.1518
青海—2005	0.1197	0.0522	0.2050	0.1423	0.1562
青海—2006	0.1136	0.0539	0.1998	0.1417	0.1695
青海—2007	0.1235	0.0691	0.1814	0.2620	
青海—2008	0.1342	0.0678	0.1803	0.2469	
青海—2009	0.1270	0.0667	0.1934	0.1663	